放下一點點也可以，不執著的活法

你放下的，
終將以更好的樣子
回到你身邊

Hogen Natori
名取芳彥——著
邱顯惠——譯

達観するヒント

目錄
CONTENTS

第2章 當你因人際關係煩惱時

目錄
CONTENTS

第3章　當你在工作上遇到困難時

目錄
CONTENTS

第4章　當你對生活感到不安時

目錄
CONTENTS

第5章 當你感受到衰老時

前言

人生是由一連串的「痛苦」所組成的。
無論是工作、人際關係、未來，還是健康……
這些都會讓我們感到焦慮、沮喪，甚至煩躁。
世上有許多事情無法如我們所願。
當你遇到這種情況時，請記住這一點：

「人生無常。」

這個簡單的觀念能讓一切變得順遂。
這正是佛教所說的「**無常法則**」。
當以僧侶身分傾聽各種人的煩惱後，我驚訝地發現，許多人其實並不了解這個道理。我會在正文中進一步說明，但「無常」這個觀念，其實揭示了這個世界的真理，即「**沒有任何事物是永恆不變的**」。

當我們深刻理解這個道理時，就不會再被多餘的不安或擔憂所困擾，反而能夠以更加輕鬆、平和且智慧的心態面對生活，真正達到「達觀」的境界。以人際關係為例，懂得「無常法則」的人知道所有關係「終有結束的一天」，因此他們不會對糟糕的關係感到煩惱，而對於美好的關係，則會抱持「一期一會」的心態，珍惜眼前的每一個人。從好的角度來看，這樣的人便能以一種「乾脆」而舒適的方式，建立人際關係。

此外，在工作上遇到瓶頸時，當意識到「無常」後，事情也可能突然好轉。這是因為不再執著於某種做法或成功經驗，而是在突發情況下也能靈活應對。

除此之外，在這個被稱為變革和無法預測的時代，理解「無常法則」的好處是無法估算的。例如，能做到不被「金錢」所困擾，不受「常識」束縛，並且從容地接受「衰老」，以積極的心態面對生活。

接納「無常」，並將「變化」視為正面的事物。這種「達觀」的人生態度，正是現代人所需要的。

本書以佛教智慧「無常」為基礎，記錄了一些祕訣，期望幫助大家能夠比現在更輕鬆、心境更加平和，更有智慧地生活下去。

如果你能夠對其中一兩點產生「原來如此」或「聽起來確實如此」的共鳴，那將是我的莫大榮幸。合掌。

元結不動　密藏院住持

名取芳彥

第
1
章

當你在人生中感到迷惘時

1

沒有任何事物是永恆不變的

接受變化

當我們忘記「無常」時，心境容易紛亂

「諸行無常」是《平家物語》開篇的名句，表達了佛教所宣導的「一切造作的事物皆無法保持不變」這個事實。

所有事物的發生，都是由各種因緣（條件）交織而成的結果。這些因緣會不斷變化、增減，因此結果也會隨之改變。

例如，身體活動會引發飢餓感，而飢餓感又成為引發食慾的原因。如果再加上過勞或心理壓力造成消化不良，結果可能就是食慾不振。若此時父母的關愛作為另一個因緣出現，或許就會收到老家寄來的即食粥。

如此一來，隨著因緣變化，結果隨之改變是理所當然的。然而，佛教不斷強調「諸行無常」，是因為我們往往會忘記這個「沒有任何事物是永恆不變」的事實，導致面對變化時，心境容易變得紛亂。

如果希望保持相同的狀態，則必須隨時應對每一個出現的因緣。如果無法做到這一點，那麼不妨試著以享受變化的心態來面對。

2

將「矛盾」視爲理所當然地活著

這樣心情會輕鬆許多

捨棄這樣的「固有觀念」

社會心理學家梅爾文・勒納（Melvin Lerner）於一九六〇年代提出了「公平世界假說」理論。這是一種認為「世界是公平的，做好事會有好報，做壞事會有惡報」的固有觀念。

「相信只要努力就能開創光明未來」的這種信念，確實能成為準備考試、投資自我等積極生活方式的動力。

然而，如果無條件地相信公平世界假說，便會產生這種理論：某人（或其祖先）之所以罹患重病，是因為他們曾經做了什麼壞事。

此外，一些邪教組織也將新冠肺炎疫情的爆發，解釋為人類破壞自然或不遵循「正確教義」的報應，這類說法也因此顯得合理，然而，這其中也隱含了危險的一面。

關於世間的矛盾，也有人堅信「矛盾的存在是不合理的」。然而，從孩子提出「既然人終究會死，為什麼還要出生？」等單純疑問開始，這個世界就充滿了各種矛盾。若我們能將這些矛盾視為理所當然，並學會享受其中，便能活得更加輕鬆自在。

3

幸福與不幸，皆是理所當然的事

一切取決於「你的需求」

當你心中浮現「那個人看起來真幸福，好羨慕啊」的想法時

我們產生消極或負面的情緒，往往是因為事情未能如自己所願。「痛苦＝事情不如自己所願」，這個定義在佛教之前的印度哲學中已經闡述過，而且是一條跨越時代的真理。

換句話說，只要一切按照自己的願望發展，我們便會感到幸福；當事情未如願時，便會感到不幸。因此，**只要我們內心仍有需求（願望），無論幸福或不幸，這一切都是理所當然的**。

「那個人看起來真幸福，好羨慕啊」這樣的想法其實是不必要的。**因為幸福與否是由每個人自己決定的，並非由他人來決定**。我們應該冷靜下來反思：「那個人是因為願望實現而幸福，還是只是因為符合我們的價值觀，才顯得幸福呢？」

如果我們的願望可以靠自己的努力實現，那麼就應該努力去達成。然而，如果認為僅靠自己的努力無法實現，那麼唯一能讓自己感到幸福的方法，就是努力降低自己的需求。

4

當你選擇「放棄」，人生會出乎意料地好轉

對於任何事物，都應抱持「覺悟」

「放棄」是指「釐清現況」

如果你認為放棄某些事物是懦弱或丟臉的，那麼你是錯誤的。

查閱日語辭典時，「あきらめる」（即「放棄」之意）一詞最先出現的解釋是「明らめる」，其意思是：①使明亮，②使情況明確。接著才是「諦らめる」，其意思（引申自「明らめる」的第②個解釋）是斷念，指因為無可奈何而選擇放棄，或接受不利的情況。

因此，意味著「放棄」的「諦らめる」，就像清晨的陽光使景色變得清晰明朗一樣，必須在弄清楚事情的情況後，才能下定決心。

日語中的「諦」意指「使事情變得明確、清楚。在佛教用語中，則指『真理』或『領悟真理』」，並沒有任何負面的含義。

因此，**若是在釐清事實或情況後選擇放棄，反而是合理的選擇**。反之，若只是中途感到厭倦，或因為他人勸告而放棄，這種沒有弄清真相就放棄的行為自然另當別論。但如果你能夠理解「因為這樣的情況，所以選擇放棄」，你就不必感到畏懼。**當你擁有「放棄的覺悟」來面對事物，人生將會出乎意料地好轉**。

5

抱持「世事就是如此」的心態，讓心靈更輕鬆

面對未知的不安，學會「忽略」的祕訣

讓心靈更加「通透」吧

新冠肺炎疫情開始爆發時，全球陷入了大混亂。因為這是一場前所未有的危機，現今所有活著的人從未經歷過這樣的情況。

我曾多次告訴信眾和講座參加者：「這是大家從未經歷過的情況，所以不管是政府還是我們自己，感到慌亂是理所當然的。」我希望大家首先接受這個事實，冷靜下來，因為沒有人知道如何正確處理這種前所未見的情況。

人從出生開始，就不斷遭遇未知的事物，並逐漸學會如何應對。隨著已知的事物逐漸增加，我們便會開始認為「世事就是如此」。二十幾歲時有二十幾歲的「世事就是如此」，三十幾歲時則有三十幾歲的「世事就是如此」。

當你遇到前所未見的情況時，不妨向年長者詢問：「這就是那樣的情況嗎？」他們可能會回答你：「是的。」從他們的豐富經驗中，學習以「世事就是如此」的心態來忽略那些困擾，讓心靈更加通透吧。

6

你是否經常有「事情應該如此」的想法？

「自我規範」使自己陷入痛苦

如果能捨棄「執著」，內心便能平靜

日語中的「こだわる」（即「執著」之意）意指「對他人而言無關緊要（應果斷放下）之事仍然緊抓不放，耿耿於懷」[1]。換句話說，一般認為「執著」是不好的行為。佛教也教導我們，「一旦執著，內心便無法平靜」，我也同意這樣的觀點。

執著可以說是「事情應該如此」或「必須如此」的自我規範。一旦有了規範，就無法容忍那些不遵守規範的人。無法容忍時，內心便會感到動搖。從這個角度來看，佛教的分析確實非常明確清楚。

若要脫離執著，讓內心平靜地生活，必須冷靜觀察事物的現狀。

那些對你所執著之事毫不在意的人，他們是怎麼想的？他們的依據是否合理？而你自己又是為何會產生這種執著？

透過觀察來分析後，你會發現許多執著其實根本沒有那麼重要。

1 出自《新明解國語辭典》（暫譯，新明解国語辞典）。

7

人生中充滿了「怎樣都無所謂」的事情

為此煩惱只是浪費時間

你是否經常被「枝微末節」的事情所困擾？

人際關係如同各自需求的碰撞。

例如，對於一件有感情的舊衣服，我認為「還能穿」，而我的妻子則說「皺巴巴的，穿起來很奇怪」。為了避免不必要的爭執，我選擇尊重妻子的意見，把這件舊衣服丟掉。

這種需求的衝突也會發生在自己身上。比方說，明知不睡覺隔天早上就難以神清氣爽地起床，但眼前還有很多想做的事。或是聚會時想盡情暢飲，卻總是以混亂收場，類似的情況不勝枚舉。

我們的選擇有時會帶給周圍的人困擾，但也可能讓他們感到幸福。

然而，我們的日常生活中其實充滿了「怎樣都無所謂」的事情。**我們無法預知每一個選擇的結果，也只有事後才知道選擇是否正確。**

就像一棵樹，只要抓住「樹幹」這些核心的本質問題——「飲食是為了維持身心健康」、「車輛是為了安全行駛」，那些枝微末節的問題其實並不重要。

因此，放下對個人需求的「枝微末節」之執著，重視那些核心本質吧。

8

「計較得失」是行不通的

乾脆且爽快生活的心法

這種「打算」只會讓你孤立無援

「損益」是經濟學中的用語。

同樣的商品，當然在便宜商店購買比較划算。例如，在國外觀光景點，每家紀念品店賣的東西都大同小異，因此人們會盡量選擇價格較低的店家。然而，換了一家店才發現還有更便宜的，這種「買貴了」的失誤情況，應該不只我一個人經歷過吧。

有一次，我向導遊抱怨這件事，結果他勸告我：「只要想自己已經以最便宜的價格買到就好了。千萬不要再去看其他店裡同樣商品的價格。觀光景點本來就是這樣嘛。」這番話讓我莫名覺得有道理，至今記憶猶新。

然而，有些人卻將經濟上的損益概念套用到人生中。他們常說「當家長教師會的幹部太吃虧了」、「對別人親切也沒什麼好處」或「跟你結婚真是吃虧」，這類話語在日常生活中屢見不鮮。

就像香氣逐漸滲入物品一樣，**如果我們毫不懷疑地將計較得失的心態融入人生，最終只會讓自己孤立無援**。那些認為只要自己吃虧就不願做好事，或因為有利可圖就不惜背叛他人的人，終究會失去他人的信任，沒有人願意與這種人交往，這是顯而易見的道理。

9

被過去束縛的人將失去未來

（邱吉爾，Winston Churchill）

「眼前」有該做的事

不要再為「已結束的事」投注心力

有時，我們會將時間視為一條流動的「河流」。如果這樣理解的話，過去應早已流向遠方，因此我們不該再被它束縛。然而，許多人依然無法擺脫過去的羈絆，或許是因為我們感受到的時間，更像是地層般一層層地堆疊起來吧（我自己也僅能感受到這種堆疊感）。

在我們人生的巔峰（現在）之下，堆疊了無數過往經歷。而那些被過去束縛的人，大多數仍沉浸於昔日榮光或不愉快的回憶當中。如果只是一味回顧「昔日榮光」，認為「過往是最美好的」，當下的自己只會感到更加淒涼罷了。一旦陷入這種淒涼中，便無法思考未來想做什麼或能做什麼，最終喪失所有對未來的展望。

同樣地，**如果被不愉快的回憶困住，將其視為當前淒涼的根源，便會安於現狀，失去了對未來的憧憬**。

我們應該這樣想：「那些輝煌的時刻確實美好，但我現在有該做的事」或「我絕不會再讓那些不愉快的經歷重演」。將過去當作墊腳石，繼續攀登通往未來的階梯，才是我們該追求的方向。

10

無論好壞，明天自有明天的風

有時候可以把「今天」暫時擱置

明天能做的事，今天就不必急著做

「笨人無良策」這句話源於圍棋和將棋的世界，意思是技藝不精的人即使思考再久，結果也和什麼都不做並無太大差別。

我曾經有過類似的經驗，在村上正行主播主持的廣播節目中，當時正在進行一個要立即說出自己觀感的練習。村上先生說了一個例子：「一個三歲的小孩坐在地板上，專注地在圖畫紙上塗鴉，即使蠟筆畫出界也毫不在意。看到這一幕，你會說什麼呢？名取先生！」

當下我試圖說些幽默的話回應，但腦袋卻卡住了，只得遲疑地開口：「嗯……」時，村上先生便以帶有東京下町[2]風格的語氣插話：「喂，別真的用你那個笨腦袋想啊。」

此外，一位任教於特殊教育班的朋友也告訴我：「雖然大家常說：『今日事今日畢。』但對於需要特殊支援的孩子，我常告訴他們：『明天能做的事，今天不做也沒關係。』」

有時候，把今天的事暫時擱在一旁，不必勉強自己思考，只要能懷著好奇心和勇氣去迎接明天的風向，生活中將會迎來許多輕鬆的時刻。

2 譯註：過去江戶時代庶民所居住的區域。

11

活著，最後只不過是死去，人生本無意義

正因如此，我們才能夠擁有「自由」

你的人生「標題」是什麼？

身為一名長期追求內心平靜的佛教僧侶，如果我說「人生沒有意義」，或許會讓人感到失望。然而，我真正想表達的是，**你的人生目前是「尚未被賦予意義的」（意義尚未決定）**。如果人生有一個既定的意義，那麼我們就必須依照這個意義來生活，這樣人生會顯得非常受限。

即便如此，人們依舊會追問「自己存在的意義」。因為一旦明白人生的意義，便能燃起使命感，讓人充滿自信地生活。許多宗教會事先提供人生的意義，而不崇拜特定神祇的佛教則是主張「人生並沒有既定意義，這個意義是由你自己去創造的」。

這就像是在一幅畫布上作畫。一旦畫上去後，內容就無法完全抹去，但你可以無數次地重疊上色。**你可以在失敗之上創造成功，也可以在背叛之上重建信任**。

那麼，對於你正在描繪的這幅人生畫作，你會下什麼樣的標題呢？這就是你此刻的人生意義，而這個標題，也將隨著你的生活不斷發生變化。

12

理解「無常」後，思考會變得更簡單

面對這個世界的處事方法，其實只有兩種

想實現「願望」，可以這樣思考

本書的主題是「諸行無常」，意指世間萬物皆無法保持不變。這個概念基於「緣起法則」，即**所有事物都是由各種因緣聚合而成的結果**。隨著因緣不斷變化，結果自然也會隨之改變，因此無法保持同一狀態。

當我們在這樣的緣起與無常法則中，試圖實現自己的需求或願望時，**為了達成願望，讓事情按照自己的意願發展，唯一能做的，只有盡可能去收集更多自己能主動掌握的有利因緣，並耐心地等待結果**。

另一方面，若希望在這個諸行無常的世界中某種狀態得以維持，就必須迅速應對不斷變動的因緣並即刻採取行動。

這就像你為了品嚐美食而選擇主廚推薦套餐。一開始端上了餃子，你搭配啤酒；接著上了生魚片，你就改喝清酒；下一道是起司，你又換成了紅酒（雖然這樣的餐廳我個人是不太想去）。

如果想要實現願望，就要盡量收集能達成目標的因緣。如果不希望變化發生，就要不斷採取應對措施來維持現狀。以這樣簡單的思維方式來應對無常，或許更為理想。

13

迷惘時，「什麼都不做」也是正確的選擇

「等到能夠做出決定」的解決方法

想活得像「不動明王」一樣

「如果不決定就無法行動」，這是我們的行為原則。當我們只是思考或迷惘時，便無法付諸行動。就像用餐時，如果沒有決定要吃什麼，就會舉著筷子猶豫不決。然而，一旦下定決心，接下來就只差行動而已。

在佛教中，這種行為原則可以用「不動明王」來表現。「不動」意味著「內心不動搖」（做出決定），不動明王那充滿動感的姿態，代表著做出決定後的行動力。

因此，**對於那些無法踏出一步，內心糾結不安的人，最適合的建議應該是：「無法行動也是無可奈何，畢竟你還沒做出決定。」**有時候，只要這一句話，往往能意外地解開他們內心的糾結。

就我個人而言，還會再補充一句：「**因為還沒做出決定，無法行動，那麼，『等到能夠做出決定為止』也是一種策略。**」

同樣的道理也適用於迷惘的情況。如果因為無法做出決定，心中充滿糾結，不妨告訴自己：「既然現在無法做出決定，那就暫時撤退，什麼都不做吧。」這也是一種有效的解決方式。只要願意等待，終會等到適合出航的日子。

14

不必執著於「曾經做出的決定」

只要「先試試看」就足夠

即使是「目標位置」也會改變

開始寫書後，我第一次聽到「リスケ」（reschedule，重新安排時程）這個詞彙。當我向負責的編輯抱怨寫作的進度壓力太大時，編輯告訴我：「您可以重新『リスケ』，有需要的話，請儘管告訴我。」這意思是，只要重新安排時程（改變預定計畫）就可以了。

當時我覺得這樣做可能會替編輯帶來困擾，但仔細想想，**即使是已經決定的事情，根據「諸行無常」原則，誰也無法預料途中會有什麼因緣介入**。對我來說，無法按照預期的速度寫作便是其中一個變數。

「決定的事要做到最後」的責任感固然重要，但由自己設定的目標，其實是可以修正的。你可以把終點線拉近，也可以選擇延後時間，這完全取決於自己。例如，這本書的稿子進展比預期更快，因此我比原定計畫提前一個月交稿，讓編輯有更多的時間安排後續作業。

不必執著於最初設定的目標，只要先開始行動，大致預測可能的目標位置，這樣不僅能讓整件事開始運作，也能讓你更靈活、廣泛地應對不斷變化的情況。

15

不要被「一時的情緒」左右

不應「放任」慾望

能夠馴服「任性」的人

自古以來，由於一時情緒失控而導致失敗或陷入困境的例子層出不窮。犯罪、外遇，飼養動物又棄養等都是常見的情形。

被一時的情緒左右，就像是放任內心「想這樣做」的任性一樣。

《遺教經》對「任性」有這樣的看法：「若尋蜜之人只專注於蜂蜜，便會沉迷於取蜜，忽視腳下的深坑。任性是一種習性，難以改正。就像捕捉逃脫牢籠的狂象，或跳躍於樹間的猴子般困難。但若縱容自己的任性，其危害便遠勝於狂象與猴子，甚至無窮無盡。因此，不應該拖延抑制心中任性的時機。」

即使是聖人也會有情緒，只不過他們與我們不同的是，他們知道如何迅速控制。因此，我們可以從那些由於情緒失控而失敗的經歷中學到教訓，並逐步擴展自己能夠駕馭的情緒範疇，讓喜怒哀樂都能在掌控之中。

16

根本沒有「眞實的自我」

那不過是一種「幻想」罷了

人生如同眼前的沙丘，只能一步一步地向上攀登

有些人會覺得當下的自己並非「真正的自己」，彷彿在某處還有一個更理想的生活正在等待，於是他們開始試圖逃避現實。還有些人會在全心投入的事情取得成功後，卻突然懷疑：「這真的是我想做的事嗎？」

這些想法的背後，正是一種信念：堅信某處存在著一個恆定不變的「真正的自我」，或是永不改變、自己真正渴望的事物。

然而，**正如你現在的心境不斷變化那般，在某個階段曾確信不疑的「真正的自我」或「真正渴望的事物」，也會如同海市蜃樓般動搖與變化**。

但這並不代表「真正的自我」或「真正渴望的事物」不存在。而是當你找到這些東西後，就會發現另一條道路、另一個全新的世界。

你可能是因為想知道沙漠的彼端有什麼，而開始攀登沙丘，或許那裡會有一片綠洲，也可能只是無盡的沙漠。要確認這一切，只能一步一步地攀登上眼前的沙丘，而不是浪費時間追尋一個所謂的「真正的自我」。

17

「特別的人生」並不存在

那終究只是「結果」而已

人生早已是「特別的」

美國作家兼醫師老奧利弗．溫德爾．霍姆斯（Oliver Wendell Holmes, Sr.）曾說：「渴望受人注目是最平凡的願望。」那些渴望成為名人或富翁，過著與眾不同人生的人，聽到這句話後，或許會感到失望，心想：「想要成為特別的人，這種願望竟然是最平凡的嗎？」

如果真有所謂「特別的人生」，那也並非是你刻意追求，而是因為全力追求自己想做的事，並在過程中匯聚了各種因緣際會而形成的結果。如果不努力行動，只是一味渴望特別的人生，那終究只是不切實際的幻想罷了。

「特別」是指「與一般不同，特別區分的事物」[3]。然而，儘管看似平凡，每個人都擁有其獨特之處，因此在某種意義上，每個人皆是特別的，任何人的人生都是獨一無二的。在佛教中，佛的智慧之一便是洞察看似相同中隱含的差異，稱為「妙觀察智」。**當你意識到自己天生就是與眾不同的存在時，也就不必四處追尋所謂的「特別人生」了。**

3 出自《廣辭苑》（暫譯，広辞苑）。

18

死亡時，所有人都「一無所有」

正因如此，我們才要竭盡全力地活著

我的座右銘

家父晚年與肝癌相伴。有一次，他在紙上寫道：「既然終究要回到那個世界，那麼至少在這世上活著的時候，應該竭盡全力，無論是否有人知曉。」這句話展現了他即使在忍受治療的痛苦時，依然抱持著堅韌與覺悟。

倒是我對「終究……」這個說法有些抗拒。**因為許多事情在未曾嘗試之前，並無法預知結果，若是隨意推測並抱著消極的心態生活，實在太過可惜**。因此，我將「『終究』是心靈的紅燈」作為我的座右銘。活著的人，都清楚生命終有一死（並非死亡向我們逼近，而是我們逐步走向死亡）。當我們思考無法避免的死亡時，或許正如家父所說的那樣，才會更認真地思索，在那之前該如何度過我們的人生。

佛教中有一個比喻：「蛇飲水成毒液；牛飲水成乳汁。」臨終時，大家都是赤裸裸的，地位、頭銜、財產，無一能帶走。因此，無論是否有人知曉，我們都應努力將遇到的一切轉化成乳汁，而並非毒液。

第 2 章

當你因人際關係煩惱時

19

會者定離——首先要深刻理解這個道理

無論與誰相遇，最終都會分離

佛教的「精髓」

「四苦八苦」一詞源自佛教的教義。四苦是指生、老、病、死這四種我們無法迴避，也無法按照自己意願掌控的痛苦。

在此基礎上，再加上四種「經常存在的」痛苦，總共構成「八苦」。這四苦包括：不得不與所愛之人離別的「愛別離苦」、不得不與厭惡之人相見的「怨憎會苦」、無法實現自己渴求的「求不得苦」，以及身心五陰所帶來的「五蘊熾盛苦」。

除此之外，貫穿世間的無常法則還有「生者必滅」（凡是有生命的，最終必定會消逝），以及與之對應的「會者定離」（凡相遇者，終將分離）。

當我們意識到某日終將會與所愛之人分別時，或許會感到難以承受，但只要稍微記住這一點，便會更加珍惜與對方共度的時光與空間。

這一點同樣適用於那些你不願與之相處的人。當你心想「我還要和這種人相處到什麼時候？」時，不妨想想「算了，會者定離嘛」，忍受一下吧。

20

不好的人際關係「終究會結束」

你與對方都必然會「發生改變」

如果想與難相處的人保持距離——

「諸行無常」中的「諸行」意指所有由因緣造就的事物。其中也包括不好的人際關際。之所以稱為「無常」（不會永遠持續、會發生變化），是因為任何事物的因緣（條件）都會不斷增添或替換。

在人際關係中，選擇與彼此互動的人各有其因緣，然而這些因緣瞬息萬變，也隨之影響了彼此之間的關係。

如果你想與難相處的人保持距離，只需加入「專注投入於某項事物」的因緣，這樣一來，就不必刻意表現冷淡，只需要說出「我現在很忙」，對方自然會逐漸遠離。如果對方的言行讓你感到不悅，不妨試著理解其背後的原因，這種因緣的加入，將能減弱彼此之間的敵對情緒。

如果你想盡早結束這段壞的關係，最好的方法是創造改善關係的因緣。然而，對方的因緣也可能會發生變化——可能因為某些事件而改變了心境，或可能因為工作調動而離開。甚至可能因為迎來生命終結，而徹底結束這段關係。

總之，不好的關係終究會結束。

21

美好的人際關係也「終究會結束」

培養精神上的獨立

即使沒有你，我也能好好生活

曾經有一位四十幾歲的女性向我傾訴：「只要一想到母親或愛犬會有過世的那一天，我就會陷入焦慮，無法脫身。」儘管她非常明白「良好的關係總有一天會結束」的道理，然而，自己是否能夠面對那一刻的來臨，還是讓她倍感不安。

坦白說，總是處於「如果發生了某某事該怎麼辦」的恐懼中，其實只是在浪費時間。因此，我建議她，不如轉換思維，改為思考「如果發生了某某事，我該如何做」，事先為自己準備具體的解決方案。無論是與寵物或他人建立的關係，任何深厚的關係往往伴隨著依賴，因此當其中一方不在時，感到焦慮是很自然的。為了消除這種焦慮，我們需要在關係結束之前，先做到精神上的自立，告訴自己：「即使沒有你，我也能好好生活。」

達到精神自立的其中一種方法，是認知自己因這段美好的關係而有所成長、感到快樂、使內心平靜。這些正向思考，可以平復因害怕失去而產生的焦慮不安。

請試著不時確認自己從這些關係中獲得了哪些正面的影響，並更新自己的心境，逐步達成精神上的自立吧。

22

人的評價瞬息萬變

每個人有不同的標準

不要因為他人的評價而「患得患失」

有時我們聽到關於自己的負面傳聞時，內心可能會感到混亂，會想：「原來別人是這樣看我的，真是太震驚了！」

然而，人們往往只看到他人的某一面來進行評價。有些人會說：「那個人對自己很誠實。」也有些人會分析：「他雖然對自己誠實，卻對他人不誠懇。」有的人會認為：「他工作能力強，但愛喝酒。」也有的人會評價：「他嗜酒如命，但工作能力不錯。」

基於這個事實，我會建議大家：「**不妨先思考一下自己哪幾個面向可能會引起負評，先想出兩、三個例子，提前做好心理準備，實際上受到的衝擊就會減少許多。**」

評價一個人的標準可能多達數十種，十個人有十種不同的評價，這也是理所當然的。每一種評價都會根據不同的標準而有所變化，而這些標準則又取決於評價者自身的人生經歷。

如果你現在因為他人對自己的評價感到煩悶，除了憤怒之外，不妨試著展現自己的其他面向，讓別人用新的標準重新看待你。

23

「那個人變了」——這是理所當然的事

「和以前不同」也是成長的一部分

人會改變，也有能力改變

我們有時會遇到那些與過去印象不同的人，或說話風格有所改變的人。

當彼此分開了一段時間後，雙方都會經歷相應的人生歷練而有所成長。基於這些經驗，曾經膚淺的人可能變得更為深思熟慮；而曾經過於固執死板的人，也可能變得更加圓融。

即使你曾誇口說「我就是這樣的人，永遠都不會改變」，但現實中總有某種力量（因緣）會迫使你改變。沒有人能永遠不變。

當然，不論好壞，也有些人可能會讓你覺得「完全沒變」。然而，人確實會改變，而且也有能力改變。

當某人的言辭和過去不同時，即使大聲責怪對方「你以前可不是這樣說的！」也毫無意義。隨著情況變化，想法改變是極為自然的事（反而言行不一致才更令人失望）。

不妨將「變化是一種進步」和「改變也是成長的一部分」的想法銘記在心，這樣也許會更好。

24

不要「輕易下定論」

這種「固執」會讓人生變得狹隘

在人際關係中，學會為評價加上「但書」

山田忠雄主編的《新明解國語辭典》（三省堂）以其獨特的解釋聞名。其中，我認為最精采的詮釋是對「公僕」一詞的定義。

在第五版中，「公僕」被定義為：為國民服務（而非行使權力）的公務員稱呼（然而實際情況與理想相距甚遠）。

這段「然而」之後的補充，正是《新明解國語辭典》的精髓所在，它不會簡單以單一定義來概括詞語，既點出了現實，也能從中感受到編輯者的幽默感與內心的豐富之情。

我們日常所使用的語言，正如上述例子中「然而」之後的補充說明，無法被單一框架所定義。更何況是評價一個人時，更應該避免輕率地將他人定義為「這個人就是這樣的人」。

將某人歸類為「這樣的人」，就像只憑單一面向來評價對方。如果只將對方固定在這個框架中，可能會讓我們忽略他們的多面性，或未來成長的可能。

與其如此，不妨改用「這個人現在具有這樣的特質」的說法。這樣一來，我們就能保持更大的彈性來重新評價或接納對方，從而讓人際關係多幾分寬容與餘裕。

25

大家都是自私的，這一點毫無疑問

堅持「自己的方式」是一種危險的正義

人有「三種行事方式」

據說人有三種行事方式：正確的方式、錯誤的方式，以及自己的方式。我認為這樣的分類很有趣。在這三者中，方式究竟是錯誤或正確，往往只有在事後才能得出結論。無論是事前還是當下，我們無法判斷哪種方式才是對的。

在事前，我們可能會預測「這樣做是正確的」，但有時我們認為的小小好意，最後卻可能變成多此一舉。例如，你可能認為小孩子自己做不到，伸手幫忙後卻被氣憤地抗議：「我想自己做！」

因此，**正確與錯誤的方式本質上也僅是結果論罷了，而這些結果也有可能隨著時間被推翻。換句話說，這兩者都是非常不穩定的。**

既然如此，剩下的只有「自己的方式」了。

最終，**不管是你還是我，所有人其實都在按照「自己的方式」行事**。有些人可能會說：「我可不是這樣，我只是被迫按照公司的方式做事。」但實際上，「遵從公司的方式」也只是你的選擇，這就是你的方式。從這個角度來看，**每個人都是自私的**。

26

「一期一會」的無常法則

正因如此，應該更加用心、更加謙虛地生活

試著思考「這或許是第一次，也是最後一次」

「一期一會」一詞源自茶道，意指主人與客人在茶席上共度的時光，應該視為一生僅有一次的相聚而格外珍惜。即使曾見過面的兩人再次相逢，也會因為彼此自上次分別以來的時間洗禮與人生經歷，而在思維與言行上有所改變。如果能將每次相遇都視為「一期一會」，那麼每一段相處的時光便會更顯得格外珍貴、無可取代。

一位工作繁忙、無法陪伴家人的朋友曾告訴我，他渴望「能夠更用心生活」。而他在經過一番思考後，終於得出的結論是：**只有當我們真正感受到「珍惜」與「無可取代」的價值，才能夠用心過好每一天**。這其實也正是「一期一會」的精髓。

有句話說：**「若把每一次當作第一次，你便會謙虛；若把每一次當作最後一次，你便會更加用心。」**若我們能將第一次和最後一次視為一體，提醒自己「這或許是第一次，也是最後一次」，便能實踐一期一會的精神，以謙虛且用心的態度生活。

在日常生活中，我們並非隨時身處在靜謐的茶席上，也難以時刻實踐「一期一會」的精神，但為了能夠更用心地生活，我們應該逐漸增加察覺「珍惜」與「無可取代」的時刻。

27

「擅自期待卻遭到背叛」的人

「對方的情況」也會改變

你是否已經做好「被背叛的覺悟」

有一位女性曾經向我傾訴：「我以為摯友不會把我的祕密告訴別人，卻發現她還是對別人說了，讓我覺得遭到背叛，內心非常震驚。」

「如果你對於摯友的定義是『不能洩漏私事』，那麼她根本不是你的摯友。與其說是被背叛，不如先反思自己是否沒有看人眼光，盲目地將她視為摯友。」我有些直截了當地說。

她不甘心地反駁道：「可是，人不應該背叛別人吧？」她深信人與人之間是建立在信任關係上，因此不應該發生背叛行為。她本質上的確是一個好人，如果要選擇朋友的話，我認為這種人最適合。而我以前也曾像她一樣，對他人深信不疑。

然而現實卻是，**「人是會背叛的」，而且往往意外地輕易。有時對方甚至並無背叛的自覺，也有時候，可能出於無可奈何。然而因為對方的情況發生了變化，也就無可避免。**

因此，回應信任固然重要，但我同時也已經做好了「人會背叛」的覺悟。

28

「去者不追，來者不拒」的智慧

靈活建構人際關係的小提示

不需要勉強自己成為一個「好人」

我們的一生中會遇到多少人？其中又有多少人會成為我們長期或短期的來往對象呢？曾與我當面接觸並且成為了能互相問候「好久不見」的對象，大約有五百人左右。這些人是曾經共同度過某些時光與空間的人，可以說我們是會彼此關心近況的關係。

至於那些交情較淺的人，數量可能是這個數字的數十倍甚至數百倍。要與這麼多人維持深厚的關係，無論從時間還是精力上來說，都是不可能的。**大多數的關係最終都會自然消逝**。

作為一名僧侶，我一直秉持「去者不追，來者不拒」的生活態度。然而，隨著社群媒體興起，這種方式有時也會受到挑戰。當收到好友請求時，如果對方的好友數量超過了五百人，我通常會婉拒，理由是：「由於我注重情義，若再增加好友，就無法真正去關注每個人的動態了。」

其實，**不必強迫自己成為一個情感豐厚的「好人」。無論是哪種人際關係，只要稍微意識到無常（變化）的存在，並以靈活的心態應對即可**。

29

有緣再見

感謝那些不確定的「相遇」

〈清水次郎長傳〉中的風雅臺詞

我喜愛的浪曲之一是〈清水次郎長傳〉。故事中的次郎長有一名手下名叫石松，來自遠州森町，人稱「森之石松」。雖然他被形容為「清醒時是好人，但一喝起酒來就如狼似虎」，然而這樣的角色設定卻讓人難以憎恨。

當次郎長斬殺了惡霸地方官後，石松將他的刀劍送往讚岐金比羅山供奉。回程時，他搭船從大阪八軒屋經淀川前往伏見，並與船上的乘客展開對話，如「你是江戶人吧」、「我出生於神田」、「來，喝一杯吧，吃點壽司吧」等，都成為了知名的場景。

而石松在旅途中，每當沿途在著名的頭目家中借宿並受到款待時，離開前總會說上一句：「多謝款待，如果命中有緣，便會再見。」我認為這句臺詞非常風雅，所以在講座結束時，也會用這句話收尾（雖然常讓聽眾感到困惑不已）。

我們若無緣無命，便無法遇見任何人。而且，我們既無法預知與某人再會的時機，也不知道自己能活多久。如果能在每次相遇時，稍微意識到這些不確定性，那該是一件多麼風雅的事啊。

30

那個人早已把你忘了

無論如何，珍惜當下的「緣分」

不要讓過去支配你的生活

在眾多相遇中，總會有些人讓我們印象深刻。不僅包括曾經的戀人，也可能是那些曾經傷害我們，甚至使你心生怨恨的人。

然而，**若你總是試圖用記憶的絲線將過去一切緊緊纏繞不放，便等同於讓自己被過去支配，進而限制本應自由的現在或未來的選擇**。即使你已邁出三步，卻總是被「那時的那個人」拉回兩步。

無論是曾經喜歡過的人，還是讓你厭惡的人，只要一段時間不見面或不聯絡，他們也會像你一樣，在這段期間內經歷許多新的相遇。而關於你的記憶，也會逐漸被這些新的相遇所取代。

當你發現對方可能早已忘了你時，或許會感到遺憾或不甘心，但這也是無可避免的。**面對總是向前推進的時間洪流，我們在眾多相遇中無計可施**。

與其執著於那個已經忘記你的人，不如珍惜那些依然維持聯繫的緣分，以及與新相識之人建立起的連結，你的心靈將會更加自由。

31

你是否想要讓所有人都喜歡你？

這種貪求只會損害你的信譽

與許多人建立「良好關係」的唯一方法

被許多人喜愛固然令人愉快，也會讓你獲得更多幫助，生活也會變得更加輕鬆。然而，想要讓別人喜歡你，意味著你必須對他們的言行有所共鳴並貼近他們的生活。然而，對所有人都這樣做是不可能的。

如果你試圖這樣做，最終會因為根據不同對象不斷改變自己的立場，進而失去信用。

如果你仍然想與更多人建立良好的關係，唯一可行的方法就是：學會喜歡所有人。這是完全取決自己，並可以透過努力達成的。而學會喜歡他人的第一步，就是發現自己與對方的共通點。例如「那個人可能跟我一樣，也曾因為人際關係而煩惱」或「今天我們生活在同一個國家」等情況。

這些認知引發的「共鳴」情感，有助於培養出接納他人的心態，而這種心態也能讓你的人生更加順遂。

不過，在你所認識的人當中，最多的其實是那些你既不喜歡也不討厭的人。同樣地，**對大多數人來說，你也只是無關緊要的存在**。所以，不要為了「喜歡」或「討厭」的情感而左右為難，學會淡然處之吧。

32

立場不同，想法也會截然不同

認為「應該相同」的想法，其實是徒勞無益的

首先，應從確立自己的「立場」開始

我們常常會不自覺地假設，對方應該和自己抱持相同的看法，甚至覺得對方理應如此。因此，當發現彼此的想法不一致時，就容易因對方的主張而感到不悅，或是惱怒。

無論是上司與下屬、經營者與員工，還是老師與學生，不同身分往往有不同的優先考量，而這種差異並不僅限於組織內部。有位證券公司的員工曾對我說：「即使退休後，我應該還是會繼續進行股票交易，因為這很有趣。」然而，我自己更渴望的是平靜祥和的生活，而非追求有趣。

遇到與自己觀點不同的人時，我會提醒自己：「這個人站在和我不同的立場上。」這樣一來，我便能保持內心的平靜。如同相撲選手邀請冰壺選手在相撲場上較量一樣，這是不可能的。因為對方只會選擇在自己擅長的領域比賽，如果隨之應戰，輸掉比賽是顯而易見的。

因此，**我們首先應該建立屬於自己的穩固立場。只有如此，才能以平穩的心態面對差異，找到自己的立足之地。**

33

與人交往時，應抱持俐落、爽快的態度

不必勉強維持人際關係的處世之道

人際關係可以更乾脆一些

我喜歡的一句話是：「家庭就像一團糾結的毛線，正因為纏繞在一起才有意義。一旦解開，就會散落四處。」這句話不僅適用於家庭，親戚關係亦然。

儘管有時會發生因一根線牽動其他線而引發棘手的情況，但在關鍵時刻能發揮作用的，恰恰就是這樣錯綜複雜也彼此交織的線團。明白這一點後，我們應學會如何靈活地應對家庭、親戚之間的關係。實際上，像婚喪喜慶、入學、畢業等人生重大時刻，履行應有的禮儀是必不可少的。

每個人都有自己的想法，有自己認為應當做的事情或想要做的事情。因此，即便身處這些錯綜複雜的關係中，多數人仍希望能在自己的最大掌控範圍內，不受他人干擾地處理事情。

為了達到這個目的，應在別人提出請求時才伸出援手，事情完成後則交由對方自行處理。這種「乾脆」和「爽快」的處世態度至關重要。

34

如果對方無法改變，那就改變自己吧

消除人生「痛苦」的簡單思維法

在這種情況下，試著收起自己的「期望」

負面情緒被稱為「苦」。在佛教之前的印度哲學中，**「苦」的定義是「事情無法如自己所願」，而我們常常會因為事與願違而不悅或憤怒**。

自古以來，人類透過兩種方法消除或減輕這種棘手的「苦」。一是經由努力讓事情如自己所願，這適用於能夠靠自身能力實現的目標。二是在自身努力卻無法改變的情況下，此時唯一的選擇便是放棄或降低自己的期望。可以說，人類正是透過這兩種方法將「苦」轉變為「樂」。

當你希望改變對方的想法或行為以符合自己的需求時，同樣可以運用這種思維。如果你認為有可能透過自己的努力改變對方，那麼不妨一試。然而，**如果你明白自己的努力無法改變對方，那麼就應該收起「想要改變對方」的念頭**，轉而告訴自己「順其自然吧」、「這是沒辦法的事」或是「等待下一次機會」。其實，只要稍微改變自己的心態，就能意外地讓人感到輕鬆自在。

35

些許的「不合乎人情」是無可避免的

給那些過於在意「人情義理」的人

你的心意或許只是「強加於人」

我的一位朋友是比丘尼，曾製作過一張原創佛教音樂CD，並將其贈送給曾經幫助過她的人。我收到一份後，另行購買了幾張來贈送給朋友。

幾週後，這位十分重視禮節的朋友感嘆道：「我送了CD給一些人，但有些人完全沒有任何回應，真讓人難以置信。」她對那些毫無反應的人感到失望。

我告訴她：「或許有些人將你的心意看作『個人興趣的強迫推銷』。你或許對沒收到對方回應感到不滿，但『沒有回應』也是一種回應。」儘管這番話或許無法讓她感到安慰，但她卻露出了一絲恍然大悟的天真笑容。

雖然公務員或某些企業因為利益衝突而禁止收送禮物，但在一般社會中，基於人情義理的送禮習慣依然存在。這並不代表送禮是為了獲得特殊優待，或因為收下了禮物就需要特別予以回報，但從這些送往迎來中，隱約能窺見人與人之間的心意。

儘管做出某種程度的取捨有些不合乎人情，那也是無可避免的，即便如此，對於那些隱約流露出的心意，我仍然希望時而嚴厲，時而溫柔地給予陪伴。

36

即使是家人，也是「不同的人」

稍微「自私一點」也無妨

在強調「個人」的時代，該如何生活？

直到大正時代（西元一九一二至一九二六年）為止，人們的出生地和成長地幾乎一致，也很少搬遷，在當時，「家庭」是社會的最小單位，家族規訓等傳統往往會世代相傳。

到了昭和時代（西元一九二六至一九八九年），尤其是戰後，夫妻成為了基本的社會單位。當時的流行語是「雖然狹小但溫馨的家」和「要有屬於自己的房子」。

如今，社會最小單位是「個人」的時代已經來臨了。現代社會十分重視個人的生活與思維方式，即便是家庭或夫妻，當中個體的自由與責任也日益受到關注。

那些包括我在內，在昭和時代成長的人，常常難以適應如今個人至上的風潮。畢竟我往往認為在同個屋簷下生活的家人或誓言相愛的夫妻，應該避免過於自私，並共享同樣的價值觀。

然而，**儘管擁有再多共同點，每個人也會因為各種因緣而成為不同且獨立的個體。即使是家人，也只是「不同的人」**。就像用馬鈴薯、洋蔥和肉類做料理，雖然是相同的材料，但最後做出來的卻可以是馬鈴薯燉肉、咖哩、奶油濃湯，或炒蔬菜等不同的料理。只要每道料理都能美味可口，也許這樣就足夠了。

37

當你選擇「原諒」，自己也會變得輕鬆

不要再將錯誤全歸咎於他人了

「幸福的種子」無處不在

我曾聽過一句讓人震撼的話，雖不知道出自誰人之口，但它深深觸動了我。

「那些將自己不幸歸咎於別人的人，往往無法原諒對方。因為一旦原諒了，他們便無法再解釋自己的不幸。」

幸福與不幸，都是自己可以決定的。或許有人會提醒你：「不管怎麼說，你都是幸福的。」這樣的話可能會讓你重新審視自己的生活，**但這是否是你所認為的幸福，最終只有你自己能夠決定。**

如果我們想認為自己是幸福的，那麼隨時可以在生活周遭找到能夠讓自己感到幸福的理由。同樣的，如果我們想認為自己是不幸的，理由也隨處可見。如果執意將不幸歸咎於「那個人」，就會忽略身邊觸手可及的幸福，讓自己陷入長久的不幸。

我也有過類似的經驗，但當我意識到「**只要還在怪罪他人，就無法獲得幸福**」後，便開始試著轉念，從「仔細一想，這個人其實也很可憐」的角度去同情那些無法原諒的人，這樣的憐憫之心，最終幫助我從無法原諒的痛苦中解脫了。

第3章

當你在工作上遇到困難時

38

順境也好，逆境也罷

任何境遇都是「自我磨練」的養分

佛教流的「成功訣竅」

大約在兩千五百年前，有一名人類在三十五歲時悟得真理，成為佛陀。而釋迦牟尼為何能開悟得道，流傳著兩種說法。

一種是透過長期修行並經歷輪迴所達到的結果，這是斯里蘭卡、柬埔寨和泰國等地的上座部佛教信仰所持觀點。另一種說法則是透過中國傳入日本的大乘佛教，他們認為是某種啟發的力量促成了他的覺悟。

如果稍微犧牲一些準確性來解釋，可以說釋迦牟尼在三十五年的人生中，將他所見所聞和所有經歷都視為養分，這讓他無論何時遭遇任何情況，都能進入心境平靜的悟道狀態。這些養分包括了善良、勇氣、決斷力、行動力、背叛、嫉妒和失敗等等。而這些至今依然存在於我們的周圍，因此，按照佛教訣竅運用的話，我們也能夠開悟。

不僅是釋迦牟尼，許多成功者也都是以自身的經歷作為養分，最終獲得了成功與名聲。因此，無論順境或逆境，所有的經歷都能成為成功的養分。在順境中不應得意忘形，在逆境中也不應氣餒，將它們視為自我磨練的過程吧。

39

正因爲工作具有「無常」特性，當下的努力才有價值

佛教所說的「因果法則」

不播種，就不會開花

日本擁有四季分明的自然景色，讓人們能夠享受其中的變化。從冬日枯萎的樹木到迎接新綠的季節，梅花、桃花、蒲公英、櫻花、雪柳、繡球花、百日紅等花卉，如同接力賽般依次綻放。每個季節特有的農作物，也如同競賽般地陳列於商店中。

如果只是微笑欣賞這些景象，未免也太過可惜了。我喜愛的一句諺語如是說：「不播下種子，必無收穫。」意指「沒有原因就不會有結果。什麼都不付出，卻指望能有好結果是不可能的（出自《廣辭苑》）。」這與佛教中所說的「緣起」概念一致。

與此相反的諺語是：「只要靜待時機，好運自會到來。」但我的前輩曾告訴我：「那是錯的，應該是『精心準備，才能迎接好運』。」

春天的嫩芽與綻放的花朵，其實早在冬天就已做好了準備。那些能夠陳列在商店中的農作物，也都是因為有人播下了種子。可以說，每一項準備，最終都會以另一種形式呈現出來。

在工作中也是如此。**我們現在努力播下的種子，總有一天會以不同形式結出豐碩的果實，因此，這份努力是值得的**。不播種，就不會開花。

40

「盡力而爲，其他交給命運」才是明智的做法

盡人事而後聽天命

一休和尚臨終時留給弟子們的話語

有一則與一休和尚相關的故事，講述的是他留下的遺言。

一休和尚在要離開擔任住持的寺廟時，對弟子們說：「我已將遺言放在文書箱裡了。如果你們遇到無法解決的困境，就打開來看看。」

在一休和尚過世後，寺廟果然遭遇了重大困難。弟子們想盡了各種辦法，也無法解決問題，最終打開了那個文書箱。裡面只有一張紙，上面寫著：「船到橋頭自然直，無須多慮。」

當我們面對困難，已經絞盡腦汁並試遍所有方法後，若再無他法，便無須再做無謂的掙扎。這正是一休和尚的故事所教導我們的：「盡己所能，無須拚命掙扎，剩下的就交給天意吧。」

每一件事的發生，都是無數因緣匯聚的結果。如果你希望得到某個結果，就必須為此努力匯集相應的因緣。然而，**我們無法掌控所有的因緣，因此只能將重點放在盡己所能地努力**。就如一休和尚的弟子們，他們已經做到了所有能做的事，集齊了自己所能掌控的因緣。至於其餘的，就讓事情「順其自然」即可。

這種全力以赴之後的放手，正如大自然中的動物養育後代一般，是合乎自然法則的應對之道。

41

把過去的成功視為碰巧

以「感恩」的心讓人生好轉

在事物中體會「承蒙關照」的心意

「只有在創造某些東西時才需要回顧過去。」這是我非常喜歡的一句格言。我深深地認為，不應以讓自己感到悽慘的方式回顧過去。**即使過去曾有成功的經歷，如果能將其視為「那只是碰巧成功罷了」，便不會受到過去的束縛。**

事情的發展往往是因為各種因緣聚集而成的結果。這些因緣中，除了個人難以掌控的社會或經濟狀況之外，還包括我們可以自主促成的因素，如自我投資、建立人脈、培養實力等等。

這些因緣大致可分為「時機」與「人脈」兩類。因此，即使抱持「過去的成功只是碰巧時機與人脈都到位」的想法也無妨，畢竟「碰巧」本來就是難得發生的事，因此與「難能可貴」之意相通，懷抱感恩之心也是理所當然的。如果還能感受到這份「承蒙關照」的心意，那麼回顧過去便是有意義的。

此外，**即使當前不順利，也可以如此思考：「這只是時機和人脈尚未到位罷了。」如此一來，不僅能調整自己的心態，還能為下一次的機會做好準備，進而產生新的動力。**

42

卽使失敗，也要成爲從容面對的人

這樣的小挫折，並不會終結你的人生

重要的是，將失敗當作「教訓」

失敗，是指偏離了「這樣做的話應該就會那樣」的預期結果，而失敗原因大致能分為三種。

第一種是自己預估過於樂觀的情況。例如，以為不需要預約就和朋友去了居酒屋，結果客滿，最後得等上一小時才能入座。

第二種是預料之外（不可抗力）的因素。例如，已經確認了報價並開始動工，但途中原料或資材價格突然暴漲導致損失。對於這類失敗，完全可以理直氣壯地說：「這並非我的責任」。

最後一種則是，自身考慮不周加上預料之外的因素共同影響所導致。

如接下來的章節所提到，**我們在生活中總是學著如何避免失敗，卻未曾學習該如何應對失敗**。因此，一旦失敗了便會不知所措而消沉，甚至有人誇張地覺得「我的人生就此結束了……」。

然而，**失敗可以成為下一次成功的基石，即使未能成功，至少也能從中汲取教訓，避免重蹈覆轍**。如果能從自身的失敗中學習，並聽取那些失敗者的建議，這樣一來，無論是過去還是未來可能的失敗，就都不足為懼了。

43

成爲一個寬容的人

學習平靜度過人生的訣竅

想對失敗者說的話

我們從小就經歷各種失敗，例如準備不足導致上學遲到，忘記道謝而被父母責備等等。我們透過不斷地失敗，學會了如何避免失敗的生存之道。

那些秉持穩健且踏實生活或工作的人，往往會參考自己或他人的失敗經驗，時時警惕自己，避免再次犯錯。有些人因心中已描繪出成功的藍圖，就會認為失敗是通往成功的阻礙，因此會竭力消除任何可能導致失敗的因素。

然而，**有些從失敗中汲取諸多教訓的人，卻會認為他人應該像自己一樣謹慎。這往往是人際關係問題的根源**。就像我們從自身的失敗中獲得寶貴經驗一般，別人也能從自己的失敗中成長。當我們意識到這一點後，就能對他人的失敗更加寬容。

「失敗是經驗的另一種表現」、「放任不管才是真正的失敗」、「如果因為失敗而帶給他人麻煩，首先要道歉，接著表明自己會努力避免再次發生，並以行動來證明。對方是否會因此而原諒，我們無法得知，但你能做的也只有這些」。

能夠用這樣的話語安慰失敗者，是一種值得追求的寬容。

44

工作總是充滿「意料之外」

若一切都「按照預定計畫」進行，反而會變得無趣

面對突發情況，試著以「自然的姿態」來應對

我開始有機會寫出在書店上架的書籍後，曾向三位陸續打造出暢銷書和長銷書的編輯詢問他們的成功祕訣。

三位編輯異口同聲地回答：「其實根本沒有什麼祕訣。有些書，即使我們認為會暢銷，卻完全不受歡迎；而有些書我們覺得不會賣，卻成了暢銷書。正因為無法預測，才讓這份工作充滿趣味。如果明確知道做什麼書一定能賣得好，這份工作就變成了賺錢的工具，那樣太無趣了。」

這些編輯們一定經歷過了許多與預期不符的情況吧。即使我們預測「這樣做應該會有那樣的結果」，然而實際上出乎意料的發展往往更多。因此，**面對預想不到的情況時，我們應該培養出樂於調整自己的做法來應對突發狀況的心態。這樣的感性無疑會讓生活變得更加豐富。**

無論是生活還是工作，總是充滿「意料之外」的狀況。正如武道或運動選手以自然姿態面對對手或球一樣，當面臨突發狀況時，我們也應該保持自然、不強求的心態，不為自己施加過多的壓力。這一點應當謹記在心。

45

如果想被他人認可，就不要一心期待他人的評價

避免讓自己陷入「四面楚歌」的困境

過度追求，只會帶來痛苦

當自己所做的事或完成的工作獲得他人好評時，往往會感到充實和喜悅。古詩所說的「不怕吃苦，只希望這份苦有所價值」或許正反映了這種心情。

然而，**如果努力的目的只是獲得他人的好評，最終將讓自己陷入四面楚歌的困境**。過度表現自己，或強烈渴望他人的共鳴，往往會讓人感到厭煩，反而無法與他人建立真正的連結，周圍只剩下高牆，將自己與他人隔閡。

為了避免過度追求他人的評價，獨立是必要的，但這並不是全部。在此引用《荀子》的一段格言來做說明。

「如果得不到上司認可，那是因為你懈怠了。如果拚命工作仍未被認可，那是因為你不尊重上司。如果尊敬上司卻仍未被認可，那是因為你缺乏誠信。如果誠實待人卻仍未被認可，那是因為你未取得成績。如果成績斐然卻仍未被認可，那是因為你缺乏德行。」[4]

---

4 出自《中國古典　名著全解》（暫譯，中国古典　名著のすべてがわかる本），守屋洋　三笠書房。

46

變化是機會之母

在安逸環境中無法獲得的事物

像「開拓者」般地生活

「變化是機會之母」這句話出自大榮超市創辦人中內功先生。

如果過去的方法依然奏效，那麼在那樣的情境中便可稱作「安逸之地」。那些無法適應變化的人，或是認為應對變化太麻煩的人，往往喜愛這樣的居所，他們所希望的只有安心、穩定和安全。而變化則意味著一片新的境地正在眼前展開。因為一個全新的世界在等著你，所以你可以在那裡盡情地展開各種開拓性的挑戰。

雖然無法預測這些挑戰是否會成功，但這些在「安逸之地」中無法遇見的機會，將一個接一個地出現在眼前，就像是自己成為了開拓者那般。

這也是一次絕佳的機會，讓你能嘗試以不同的方式找到通往成功的最佳路徑，並檢驗自己多年來所培養的能力，甚至喚醒全新的潛能。

對於喜歡安心、穩定、安全的人來說，或許可以在保障這些條件的同時，從變化這位「機會之母」背後，去尋找那些自己雖未嘗試過但想要挑戰的事物，這也是一個不錯的選擇。

47

世上沒有所謂「不能改變的工作規則」

有時候採取「非正規做法」也是一種選擇

「通往成功的道路」並非只有一條

無論做什麼事情，人們都有各種不同的方法。有時候別人會告訴你「應該這樣做」或「這樣做比較好」，有時候你也會自己決定「就這麼做吧」。

在眾多方法中，那些讓自己或公司成功的做法，或是從失敗中學習到的經驗，對當事人來說都是正確的，可以稱之為「正規做法」。

然而，除了正規做法之外，也有其他通往成功的可能性。即使嘗試其他方式失敗了，最後還是回到正規做法，這個過程也是值得一試的。

就像通往A地點的列車，假設有三條路線可供選擇，一條是穿越城市的路線，一條是沿著山腳行駛的路線，還有一條是沿海的路線。即使正規做法是「穿越城市最快抵達的路線」，但選擇沿著海岸欣賞絕美風景的路線，或者沿著山腳感受壯麗大自然的路線，最終都能順利抵達目的地。

無論是在工作場合還是個人信念上，若有一套規則可以遵循，或許會感到輕鬆一些，但同時我們也會受限其中。為了開拓更多可能，我們應該明白，其實沒有什麼工作規則是不能改變的。

48

公司的常識往往是社會的非常識

即使成為社會人士，也別迷失在公司文化裡

你是「為了錢」而活嗎？

對於那些剛從學校畢業並進入社會工作的人，提醒他們「恭喜你成為社會人士，但千萬不要讓自己成為公司文化附屬品」的長輩，應該不只我一個吧。

公司開設的目的是為了賺錢，無論是為了企業傳承，還是保障員工生活等原因，謀取利潤都是主要目標。然而，**當過度專注於經濟效益時，就有可能因過度追求效率與成果而犧牲人性**。這也是為什麼人們常說「公司的常識是社會的非常識」的原因。

正如其他篇章所提到，即使經濟優先、損益計算是無法避免的現實問題，但若只止步於價值觀，最終會把人推向無法挽回的境地。

你希望在自己的葬禮上，聽到子女說「當你的孩子真是吃虧」嗎？希望伴侶說「和你結婚真是划算」嗎？或者希望朋友說「因為和你當朋友，我得到不少好處」嗎？你希望他們以利益得失來評價你的一生嗎？

如果你認同這樣的價值觀，那麼你可能已經活成了一臺賺錢機器。請記得，我們應該避免將公司的常識誤認為是社會的常識。

49

以「這也是一種修行」的心態來看待

當你面對困境時——

關鍵在於結合「忍耐」和「目標」

忍耐是指暫時放下自己想做的事，去忍受並完成當下需要做的事，因此，大部分的人可能會認為忍耐是指不愉快的、甚至想逃避的事情。

然而，若將忍耐與目標結合在一起，這種結構就變得非常簡單。如果有想要達成的目標，忍耐就不再是那麼困難的事情。

我常常被人語帶同情地問：「當和尚的修行很辛苦吧？」但每個修行背後，其實都有其動力與目標。例如，為了獲得僧侶資格，或為了晉升到僧都或僧正等級，或是想要學習拜禱和祈禱的方式等等，其實目標各有不同。

如果一般人沒有先設立目標就貿然修行，可能會變成三天打魚，兩天晒網，或是因為過於艱辛而失去身心平衡。在日常生活中，我們時常需要面對困難的情況。有些人可能會說，要將這些視為修行，但若要做到這一點，就必須先設立一個明確目標。

當你面對必須忍耐的情況時，不妨先試著問自己：「這究竟是為了什麼？」當你找到答案後，就能夠下定決心克服困難。

50

勝利後驕傲自滿的人，往往會在下一次失敗

勝利的「賞味期限」出乎意料地短暫

為何人們會說「勝利後仍應時刻保持警惕」

在工作中，我們常常面臨與其他公司或同事的實力較量。從某種意義上來說，這是一個結果至上的殘酷環境，每個人都以最終的勝利為目標。

當我們取得勝利時，難免會想要稱讚自己：「幹得好！」如果結果令人滿意，會讓我們對自己的方法更有信心，認為自己是對的。

然而，驕傲自滿的人容易因鬆懈而輸掉下一場比賽。畢竟，沒有人能保證這次的成功方法，在下次依然有效。儘管如此，**如果仍過於依賴於過去的成功經驗，就有可能會掉入意想不到的陷阱**。

你的方法很快就會被他人模仿，有些人甚至會加以改良。這時，即使你宣稱「這本來是我的方法」，也只是徒勞無功。更甚者，那些曾經輸給你的人，可能會趁你得意時扯你後腿。即使你大喊「這不公平」，在這個結果至上的世界裡，聽起來也只不過是失敗者的哀號罷了。

「驕兵必敗」和「勝利後仍應保持警惕」這兩句古人箴言，恰恰說明了有多少人曾因驕傲自滿而在下一次遭遇失敗。

51

失敗後自暴自棄的人將再次面臨失敗

如何將失敗轉化為下一次的勝利

「對未來的責任感」將讓你變得更強大

在勝負的世界中，有勝者也有敗者。然而，如果因為失敗而自暴自棄，下一次失敗的可能性就會大大增加。

失敗總是讓人懊悔，但即便如此，感到沮喪、自暴自棄的時間應該控制在幾天之內（就我個人而言，我會給自己二十四小時來消沉）。

隨後幾天，我會分析自己哪些方面不如對手，找出失敗的原因（我通常也會花二十四小時來進行這些分析）。

然後，根據分析結果，接下來幾天我會制定對策並立即行動（這個過程通常也需要一天的時間，因此我總共會花三天時間來整理心情，然後重新振作起來，並微笑繼續前行）。

「使人變得聰明的不是過去的經驗，而是對未來的責任感。」這句話出自愛爾蘭劇作家蕭伯納（George Bernard Shaw）。雖然在做某些事情時，過去的經驗會發揮作用，但真正能激發智慧的，是對他人或自己未來的責任感。

如果只是在失敗後一蹶不振，智慧無法被充分發揮，再次失敗的可能性也會大大增加。

52

「完美主義」並無好處

你擁有「心靈的餘裕」嗎？

「八十分」就已經很優秀了

自從開始有人認為「完美主義」對人生或工作並無好處以來，已經過了數十年。「完璧」原本是指無瑕的玉璧，意味著毫無缺點，這正是「完美主義」所追求的目標。

完美主義者在工作上通常細心，責任感強，堅持做到最後，並產出高品質的成果，這些優點也使他們贏得周圍人的高度信任。

然而，**對完美主義者來說，強烈的認可需求使他們過於在意他人的評價**。由於內心有自己追求完美的路徑，他們常常不願聽取他人的意見，這使得周圍的人覺得難以相處。此外，由於強烈的責任感，他們總是全力以赴，卻往往對他人抱有同樣的要求。他們無法容忍別人的錯誤破壞自己的完美，更別提若自己犯錯，他們將無法原諒自己，並承受嚴重的心理打擊。

追求滿分並非完全不好。但若能抱持「八十分也已經很優秀」的彈性心態，工作和人生都將更加順利。**正如汽車的方向盤或拉門的滑軌般，正因為有「餘裕」存在，才得以運作得更為順暢**。

53

不要忘記感謝「無名英雄」

正因為有那些支持你的人，才有「今天」的你

能否意識到這一點，是人生的重要分水嶺

我們僧侶之所以經常談論「托某某的福」，是因為當你意識到這份恩惠時，感謝之情便會油然而生。當你學會感恩，心靈便會變得平靜，而「內心平靜地生活」正是佛教的目的，因此我們傳達「恩惠」的概念是合乎道理的。

當你往上回溯二十代之前，你的祖先數量約有一百零五萬人。換句話說，在你這座生命金字塔的頂端之下，有一百零五萬個祖先支撐著整座金字塔。而整個金字塔的祖先總數更是超過兩百萬人。如果其中任何一位祖先在孕育後代前就離開人世，那麼你就不會誕生在這個世上。正因為有這些祖先將生命延續至今，才有了今天的你。

未來，你和你周遭的環境都會不斷變化，但其中唯一可以確定的，就是「當下」。而這當下正是另一座巨大金字塔的頂端。無論是在生活、人生還是工作中，在你度過的每個當下，必定有那些支撐著你的無名英雄。只要你能意識到這一點，並在今天感謝他們為你所做的一切，那原本乾涸的心靈就能因此重新滋潤起來。

54

抱持「隨它去吧」心態，反而會帶來意外的好結果

「豁出去」的力量

遇到出乎意料的情況時，抱持「開放心態」至關重要

工作的基本原則之一是做好萬全準備，應對各種可能的情況，包括為自己設置安全網。面對未來的挑戰，我們必須事先準備好應對措施。

然而，即使準備再周全，還是可能遭遇突如其來的狀況，導致自己陷入困境。面對這樣的情況，人們通常會有兩種反應。

第一種人會說：「算了，我做不到。」這樣的人常常鬧彆扭，封閉自己，選擇逃避困境。儘管他們的處境值得同情（即便這些困難可能是自己招致的），不過一旦選擇逃避，同情的目光便會轉向那些接手困難的人，而**逃避者只能等待遙遙無期的機會來洗刷汙名**。

第二種人則**採取了「隨它去吧」的豁達態度。雖然這樣的態度可能讓人看似毫無防備，但猶豫是發自內心的放開心態，視野也因而隨之拓展，反而有可能看到意想不到的前景**，讓問題朝著好的方向發展。

當我們無力改變現狀時，與其封閉心扉或是鬧彆扭，不如像剖開的竹筴魚坦然面對一切。豁出去吧，或許反而能迎來意外轉機。

55

不要以「做不到」爲前提

你是否曾為自己設限？

如何提升你的「界限」？

當你認為「我做不到」時，其實是在為自己設限。

短跑項目中，一度有「無法在十秒以內跑完百米」的「十秒之牆」存在。然而，當第一位跑進九秒的選手出現後，日本選手們便相繼打破了紀錄。專家分析，這是因為「無法突破十秒」的心理障礙被消除了，也就是突破了「日本人做不到的」界限。

在花式滑冰或單板滑雪等項目中，當有一位女性選手成功完成了過去被認為只有男性才能完成的技巧後，其他選手亦隨之逐漸打破了「女性做不到」的心理障礙。從此，「做得到」成為了新的共識。

你並不需要成為那個首先突破障礙的人。當有人率先打破限制後，你或許也會產生挑戰的精神，覺得自己或許也能做到。學習並模仿那些突破障礙者的經驗，將能幫助你提升目前的界限。

試著關注那些已經超越你心中「極限」的人吧！

56

機會有時會「突然」降臨

正因如此，我們絕不能疏於準備

點燃更多導火線吧

在佛教中，有一種世界觀稱為「重重帝網」。所謂帝網，是指懸掛在帝釋天宮殿中的一張網。網的每個結點上都鑲嵌著鏡面般的珠子，這些珠子將整張網和宮殿內部的景象全數映照出來，而這種互相映照的樣貌就是「重重」。**我們的世界也正是如此，每一個微小的事物中都映照出了整個世界**，這就是「重重帝網」的世界觀。

在我們的生活中，有些事發生的原因或因緣可以被預測，但有時則會感覺某些事物突如其來，讓人摸不著頭緒。工作或人生中的機會，也常常是這樣出奇不意。

俗話說：「偶然的機會只會眷顧有準備的人。」而這種準備，指的是**磨練自己的能力，珍視人際關係，勇於嘗試那些自己認為有意義的事物**。你做的這些準備，就像點燃連接著煙火的導火線一樣，雖然我們無法預測哪條導火線會如何燃燒，但在某個時刻，它們或許會匯聚成一場絢麗的煙火。為此，不妨多嘗試各種挑戰，不斷點燃更多的導火線吧。

57

總是有比你更優秀的人，也有比你更差的人

謙虛與上進心，是最重要的素養

「上求菩提、下化眾生」的體會

《明鏡諺語成語使用辭典》（暫譯，明鏡ことわざ成句使い方辭典）中對「上には上がある（上面還有更高的境界）」的解釋是：「即使自認為已達到最高的程度，世上仍存在更高的境界。」這句話既帶有感嘆或驚嘆之感，也常被作為警醒之語使用。

此外，該辭典補充道：「近來，這個說法逐漸從泛指一般事物轉為用於描述人，因此有時會說『上には上がいる』（上面還有比你更優秀的人）。」

相對地，「下には下がある」（下面還有更差的情況）這句話，目前雖尚未被收錄在上述辭典中，但它不僅用來輕視他人，有時也用於安慰沒用的自己：即使狀態不佳，還有人比自己更糟糕。因此，未來可能也會被納入辭典中。

在佛教中，修行者秉持著「上求菩提（向上追求覺悟），下化眾生（向下引導眾生）」的心態，意指**在自覺自身尚未成熟的同時，應追求內心的平靜，並拯救那些陷於煩惱與苦難中的眾生。**

在工作上，這種心態可延伸為「心懷謙虛，保持上進心；關懷下屬，不扯後腿，而是以寬容的心引導他們成長」。這是一種高尚的品格修養。

58

「生活艱辛」，對每個人來說都是如此

「你是你，我是我」的劃分方式很危險

孕育「同理心」的土壤

同理心萌發的土壤，來自於發現彼此之間的共同點。當我們在電梯裡遇到陌生人時，為了消除尷尬，往往會以當天的天氣作為話題。透過分享某個話題，便能產生同理心。大家共同享受生活，而非單打獨鬥，這其中一個有意義的原因是，這樣可以創造出充滿同理心的空間。

相反地，如果將彼此劃分為「你是你，我是我」，並排除所有共同點，那麼便無法孕育同理心。若希望那些人也對你釋出善意，你只能主動邀請他們一起用餐或結伴外出，藉此創造共同點。

其實，我們與他人之間本來就有許多共同點。無論是誰，都曾是某個人的孩子，都是當下共同生活在地球上的人，都是帶著煩惱、努力生存的個體。

當你對那些看似過得悠閒的人說：「你過得真輕鬆啊！」他們可能會回應：「哪裡輕鬆，要過得輕鬆也不容易呢。」此時，他們向你展示了一個共同點：「其實我並非那麼輕鬆」。**當你推開「只有自己」的那堵牆，察覺到「自己與他人」之間的共同點時，心情自然會變得更豁然開朗。**

59

生活以「量力而行」爲原則

不過偶爾挑戰自己一下也無妨

「勉強」與「胡來」之間有細微的差別

要了解自己的能力範圍和程度，往往需要經歷失敗。就像身高一樣，我們能做的事情、能應對的挑戰會隨著時間逐漸增加，能力範圍也隨之成長。然而，當成長到一定程度後，進步速度自然就會減緩。即便如此，**如果抱持著「或許有點勉強，但還是試試看」的心態去挑戰自己，仍有許多可能達成的目標**。

這些經驗讓我想出「可以勉強一下，但不要胡來」這句話，並將它當作我的座右銘（當然，沒有失敗經驗就難以分辨何為「胡來」。至於勉強與胡來的界線，只能依靠自身經驗來判斷）。

所謂「要有自知之明」，是為了避免因為胡來而給周圍的人帶來巨大麻煩，或損害自己的健康。如果我們能在能力範圍內過活，即使偶爾挑戰一下自己，過去的經驗自然能發揮作用。雖然安於現狀或許無法進一步挖掘自己的潛力，但對於包括我在內的年長者而言，這樣的生活方式能避免不必要的慌亂。因此，我認為按照自己的能力過生活是值得肯定的。

不過以量力而行為基本，偶爾挑戰一下自己，也是個不錯的選擇。

60

別總是追逐自己缺少的事物

珍惜身邊已擁有的「寶藏」

獲得想要之物的簡單思維

當你思考自己目前欠缺什麼時，可能會想到許多事物，例如對他人的體貼、財富、內心的餘裕、休假，甚至是人生的意義等等。如果渴望某些事物，毫無疑問地，那就是你目前尚未擁有或感到不足的東西。

我曾經也有過想要更多屬於自己時間的念頭。由於我要兼顧對年輕僧侶的講課與多項佛教活動，幾乎沒有任何自由時間。那時，我想出一句話：「如果沒有，那就去尋找；若找不到，那就自己創造。」

關於人生的意義和對他人的體貼，已在其他篇章中提及。如果你能察覺到在金錢與物質之外，健康、友誼等也是人生中的寶藏，那麼你便能展開一場尋寶之旅。當你缺乏內心的餘裕時，不妨閱讀一本符合當下心境的書籍，或許就能從中尋找或創造出心靈平靜的契機。若沒有假期，可以透過更有效率或更加專注地完成工作，為自己創造一段假期。

與其四處尋找自己沒有的東西，不如試著去創造，也許這樣會更快實現目標。

61

關注於「現有的事物」

擺脫「求而不得」的執念

你所需的一切，其實早已具備

經常聽到搬家不久的人說，**即使搬家已經幾個月了，仍有行李尚未拆箱歸位，而那些還留在行李中的物品，基本上都是生活中不太需要用到的**。我認為這段話頗具啟發性。

自古以來就有「醒時半疊，睡覺一疊，縱然得天下也不過二合半」的說法。這意味著，無論是誰，個人所占的空間，站立時只需要半疊榻榻米，睡覺時僅需一疊榻榻米，即使稱霸天下，每天所能吃的飯量也不過二合半[5]。

你能活到今天，足以說明生活所需的東西大多早已具備。這在某種意義上代表著一種富足。

以最低限度的需求和合理、實用的安排來過日子，這種生活方式被稱為「小型生活」、「極簡生活」或「簡單生活」。即便心中嚮往某些東西，只要動動腦筋，想想能否用現有物品替代，大多數情況下都能找到解決辦法。

在渴求「未擁有之物」之前，不妨先重新審視當下所擁有的事物吧。

5 譯註：「合」為日本量米的單位，一合即一個量杯的米。

第4章

當你對生活感到不安時

62

金錢只是暫時寄放在自己這裡的東西

正因如此，金錢的「流動」是理所當然的

以「不增不減」的心態來看待金錢

我們在生命、工具和金錢這三者上，都面臨著同樣的問題：如何善用它們。人不會被生命和工具所束縛，但有些人卻會被金錢所驅使，終日拚命追求金錢，結果反而被金錢牽著走。

古人對執著於金錢的人留下了「金錢乃天下流轉之物」這句話以警醒世人。在落語（江戶時期的傳統表演藝術）中，長屋居民以輕鬆的口吻說道：「我知道金錢是全天下流轉之物，但它偏偏不在我身邊停留，真令人生氣。」他們用這樣的玩笑話來面對生活，我自己也經常使用這句話。

《般若心經》中提到了「不增不減」，我將其解釋為：「**當你花錢時，錢包裡的金錢會減少，但同時你也獲得了商品或服務，因此總體來看，增減是平衡的。我們總是過於注重錢包裡的數字，卻忽略了交換的價值，才會因為它的增減而感到困擾。**」實際上，我也是這樣看待金錢，這種想法能幫助我避免過度被金錢左右。希望我們都能將金錢視為「暫時寄放的東西」，並做好準備，隨時接受金錢的流動與變化。

63

房子只是「臨時住所」

但至少要找好「心靈的最終歸宿」

即使「生活方式」有所改變，也應如此

成長於昭和時代的人在新建墓地時，常對周圍的人感嘆：「我們待在這裡的時間將比活著的歲月還要久。」即使已進入百歲人生的時代，這個事實依舊不變。這就是為何墓地被稱為「人生最終的居所」。

然而，自古以來也有不少人對死後的棲身之所並不執著。許多日本佛教的祖師便抱持著「自己的屍骸能隨處拋棄，作為鳥獸昆蟲的食物也無妨」的觀念。然而，他們的弟子仍為了緬懷師父而設置供奉場所。

對昭和時代成長的一代來說，往往將繼承父母與祖先世代相傳的土地與房屋視為理所當然。然而，以經濟為核心的時代浪潮襲來後，定居一地的執念也逐漸地動搖並淡化。在都市地區，隨著生活方式的變遷而遷移住處已成為常態，當前的居住地也不過是臨時住所罷了，連墓地的遷移（搬遷）也逐漸普及。

在這樣一個房子和墓地皆如臨時住所的時代中，至少應該為自己找到一處「心靈的最終歸宿」，作為內心安頓之所。

64

生命，其實也是「借來的東西」

總有一天要歸還，在那之前應該善加運用，活得有意義

這是父母賜予的最珍貴的「禮物」

有些人會抱怨說：「我什麼都沒從父母那裡得到。」或者「父母沒有留給我任何財產。」聽到這些話，我總是半帶驚訝地回應：「別開玩笑了，你不就是從父母那裡獲得了生命嗎？這可是你收到的第一份禮物啊。正因為有了這條生命，才能夠體驗到這個世界的美好種種。若說自己什麼都沒從父母那裡得到，這可是對父母的不敬啊。」

對於渴望成為父母的人而言，孩子並非理所當然的出生，而是「賜予的禮物」，或者可以說是「暫時託付的禮物」。至於這份生命究竟是來自天意、神明，還是大自然的力量，儘管我們無從得知，但總之，我們確信孩子的誕生是由超越人類理解的力量促成的。

而我們的出生，事實上也並非出於自身意願。人的誕生，是一種不容個人意願干涉的現象。我常常有這樣的體會：「不知為何，我就在投生這對父母之間，在這個時代出生了。」或許，當死亡接近時，我也會想著：「也不知道為什麼，就要與這個世界告別了。」

生命是被賜予的，最終需要歸還，因此也可以說是「借來的」。我們應該善用這份生命，讓它充滿意義，並且懷著純淨的心靈將其歸還。

65

擺脫被「物質」充斥的生活

不依賴外在裝飾，才能真正體會「極樂」

因為「什麼都未穿戴」，所以能夠獲得自由

在諸多佛陀中，許多佛陀都有各自的淨土（世界）。例如，大日如來的密嚴淨土、藥師如來的琉璃光淨土，還有觀音菩薩的補陀落淨土等等。在這些淨土之中，最有名的大概就是阿彌陀如來的極樂淨土。

雖然由我擔任住持的寺廟並沒有供奉阿彌陀的佛像，但我仍會不自覺地脫口而出「極樂，極樂啊！」尤其是在夜晚泡進溫暖的浴缸時，這種感覺尤為強烈。

某次，我正思考自己為何會脫口而出「極樂」一詞，然後發現，**此刻的自己處於「什麼都未穿戴」的狀態。雖然毫無防備，卻展現了最原本的自己**。

因此，我得出一個結論：**不加裝飾，才是「輕鬆」的最終型態**。並非像紙老虎般虛張聲勢，而是做回最真實的自己，會讓心靈獲得自由。

此外，同樣也不能忽視那些「裝飾」自己的物品。我們所擁有的物品，往往投射出自身的情感與心靈。**當我們能斬斷與物品的情感連結，擺脫被「物質」充斥的生活時，心靈的負擔便能一併卸除，使生活更加輕鬆自在**。

66

不如停止「虛張聲勢」吧

最終，「真實的自己」才是最強大的

讓我們一起攀登「成長的階梯」吧

虛榮是為了讓他人對自己有良好印象（展現自己的優點），而過度修飾自己。由於是「過度」，旁人也很容易察覺。**不論是刻意炫耀還是勉強裝腔作勢，周圍的人通常心知肚明，**卻還是會對你說些「真厲害啊」等客套附和，甚至奉承你。

對孩子們而言，虛榮心偶爾可以成為激勵他們的動力，讓人不禁會想為他們喊一聲「加油！」來表達支持。然而，成年人若這樣做，反而會讓人感到可憐。

這條虛榮之路是許多人都曾走過的，但隨著人長大成熟，就會意識到這種行為的愚蠢。從別人的角度來看，你的虛榮其實一目了然。事實上，**我們不需要虛張聲勢，真實的自我才是最強大的力量**。我認為，培養這種力量正是成長為大人的必經之路。

《新明解國語辭典》對「虛榮」的解釋是「一種意氣用事想要虛張聲勢的性格（人）」。虛張聲勢是為了向他人展示的，而意氣用事則是一種對自己的執著。若是出於自尊心，還可理解；**但若只是單憑一己的執念而向他人虛張聲勢，最終也只會形成內心的空虛**。不如就此放下追求虛榮的行為吧。

67

不可丟棄「惜物精神」

與「永續發展目標」共生共存

當心心靈也變成一次性消耗品

回顧昭和時代的某個輕浮且無序的時期，我們一度將「用過即丟」視為理所當然，即使不特別提及「永續發展目標」（SDGs），這種生活方式也早已被證明不甚環保。

根據數據顯示，日本每天生產的食物量相當於四頓餐食，其中卻有一頓會被丟棄，這終究促使社會推動起減少食物浪費的潮流，像是「食物銀行」運動也逐漸被推廣。事實上，這種「惜物精神」和「互助精神」的文化，早在昭和四十年之前，鄰里間關係還非常密切時就十分普遍。

如今，這股以「惜物精神」與「互助精神」為基礎的「永續」潮流，如同擺動的鐘擺一樣，重新回到了我們的生活。當然，儘管這股潮流背後也可能隱藏了一些我們尚未察覺的問題，但人們對於「永續」的意識確實已有所提升。

不僅是「物品」的回收利用，隨著百歲人生時代的來臨，「高齡者再僱用」也逐漸變得普遍，被視為「人力資源循環」的一部分。同時，我也希望人們能擁有為未來世代著想的智慧，目前，我的永續自我發展目標是「**既然活著，就應該運用智慧來達到內心的平和**，否則實在太可惜了。」

68

不必過於在意「社會常識」

所謂的規範也不過如此

要有「我所做的事就是常識」這樣的氣魄

當人成長到能獨立行動的年紀，有些人對「常識」這個詞變得過於敏感，覺得自己被常識束縛，無法做想做的事情，因而心生不滿。甚至有些人在成年後仍然緊抓這種反抗心理不放，並以「什麼是常識？誰規定的？」這類無人能回答的問題為前提，發出不滿的聲音。

事實上，社會大多數人追求的是穩定的生活，渴望免於遭遇暴力或詐騙。因此，像犯罪這類不可做的事，或感謝這類應該做的事，逐漸被視為通用的規範，或不成文的規定，並形成了所謂的「社會常識」。

那些極端無視常識的人，通常會被關進監獄，與大多數人隔離開來。常識並不是束縛我們的枷鎖，而是像紅燈一樣，能夠保護人們的安全。

在理解常識的大致意義後，便能在維持大多數人安心生活的前提下，不讓自己被常識過度束縛。**若能抱持「我所做的事就是常識」的氣魄，不要過分拘泥於社會常識並勇於挑戰**，可能會帶來更多美好經歷。

69

根本就沒有「平均的生活方式」

唯一的基準，始終是「你自己」

如果對自己而言「還不錯」，那就足夠了

我們經常在報導中聽到「平均年收入」、「平均存款金額」等與「平均」相關的詞彙。但這些數字是否代表大多數人，我並不清楚，畢竟我沒有學過統計學。

然而，即使天氣預報顯示降雨機率是百分之十，若我淋到雨，那對我來說就是百分之百；如果我在一個完全不下雨的地方，那就是零。我不太明白降雨機率和平均值之間的關係，但我認為對於「平均」的概念需要謹慎對待。

即使年收入或存款金額落在大多數人的範圍之內，或低於平均水準，真正的基準始終是自己。**只要自己認為「還不錯」，就不必太在意所謂的平均值**。雖然可以從報導的數據推測出「平均的生活方式」，但**「人生的活法」卻無法用平均來衡量，也根本不存在所謂「平均的生活方式」，你的人生不必與社會標準比較**。

孔子曾提到，和七位賢人相比，自己的生活方式不過不失、平衡調和，他將這種「無功無過」的生活方式視為一種智慧的選擇。

只要你能認為「我的生活方式還不錯」，那就足夠了。

70

幸福與否，是「由自己」決定的

在別人提醒之前該做的事

「契機」其實隨處可見

有時候，即使自己沒有察覺，卻被他人告知：「因為你〇〇，所以很幸福啊。」這裡的〇〇可以是健康、經濟無虞、家庭和睦等等。從對方的角度來看，這或許是一種客觀事實。

然而，像我這樣性格彆扭的人，聽到這些話時，總覺得對方似乎在嘲笑我未曾察覺自己擁有的某種事物之價值。因此，我無法立刻認同地附和：「是的，我很幸福。」大多時候，我會乾脆地回答：「謝謝，**但幸福與否，應由我自己決定**。」

幾天後，我才慢慢想通：「原來如此，如果單就這個〇〇的話，我確實可能是幸福的。」也許對方的確幫我找到了幸福的契機，但最終是否感到幸福，仍是需要由我來決定（同樣的情況也適用於不幸）。

能讓自己發現幸福的線索，如同沙灘上的沙粒一樣多不勝數。在別人提醒之前，若能稍微主動去發掘，那就更好了。

71

試著專注於「眼前的事物」

即使是做菜、洗衣、打掃，也能是一種「禪」

消除不安的小祕訣

「御宅族」（オタク）這個詞語起源於一九七〇年代，當時，在遊戲和動畫愛好者之間興起了一種稱呼方式，他們不使用「あなたは」（你）或「君は」（你），而是以「お宅は」（府上）來稱呼對方。御宅族這個詞最初指的是只對某一事物有強烈興趣的人，近年來已逐漸擺脫負面含意。

與此相似的詞彙是「愛好者」（マニア），指的是專注於某一事物的人，而且他們的興趣往往會擴展到相關的領域。例如，鐵道愛好者不僅對鐵道本身感興趣，還會關注鐵道的歷史、零件、運作組織等等，並逐漸累積廣泛的知識。無論是御宅族還是愛好者，當他們專注於自己喜愛的事物時，似乎總是顯得非常幸福，而且在投入過程裡，似乎不再感受到生活中的不安。因此，我們可以推論，**當內心感到不安時，專注於某一件事便能將其淡化**。

雖然我們不可能時刻都專注於自己喜愛的事物，但在感到不安時，專注於眼前的事物，如做菜、折衣服或打掃等等，都是不錯的方法。佛教中的「禪」，正是強調專注於當下的某一事物。其實，**消除不安的小祕訣，或許就隱藏在這種專注於眼前事物的過程中**。

72

只要做好「理所當然的事」

以遊戲的心態來面對事物

這樣就能輕鬆地讓生活更舒適

作為一名佛教徒，我認為**「沒辦法」和「理所當然」這兩句話，是能乾脆放下某些事情的魔法咒語**。順帶一提，日語中的「諦める」（放棄）的「諦」，如同「諦觀」（看透、徹悟）等詞彙中所使用的「諦」，具有積極的意義，指的是透過仔細觀察事物，了解真實的面貌。

例如，防止全球暖化是當務之急，因此不能以「那也沒辦法」來草率應付。然而，對於許多事情，我們可以採取「既然如此，那就沒辦法」或「有這樣的情況，那會發展成這樣是理所當然」的心態來接受。

我們不會對自己認為理所當然的事情感到憤怒，亦不會為此感到壓力。因此，即使生活中面臨健康、經濟或人際關係等困擾，只要能將更多的事情視為「理所當然」，就能減少壓力，讓生活更舒適。要做到這一點的話，必須先觀察事物的運行狀況。經過練習後，相信任何人都能做到這一點。不要覺得麻煩，不妨把它當作一場智力遊戲，試著享受其中吧。

73

停止對這個世界的哀嘆

因為陰暗的道路上沒有希望

即便生活充滿不安，也別讓「反正」成為口頭禪

所謂厭世觀（悲觀主義、厭世主義），是一種認為「世界本質就是令人厭倦」的想法。若查詢辭典，《廣辭苑》上對此的定義為：「①認為現實世界中，邪惡多於善良，痛苦多於快樂，並對此感到厭惡。②只看到事物的負面，抱持悲觀想法的心理傾向。」

《新明解國語辭典》則解釋為：「厭世：覺得活著很痛苦（討厭）。」這是從「生存」的角度來詮釋。而《標準國語辭典》（暫譯，標準国語辞典）對此的解釋為：「厭世：失去活著的希望，對這個世界感到厭倦。」將挫折感與希望的終結描繪得更加明確。

在看待事物上，有人偏向悲觀，有人則選擇樂觀。《廣辭苑》對「樂觀」的解釋是：「凡事抱持積極看法，對未來的發展充滿光明的展望。」根據經驗，樂觀者可能會因歷經貧困、失戀或至親逝世等巨大挫折後變得悲觀，但原本悲觀者卻很少因為經歷變得樂觀。

要將悲觀轉變為樂觀，必須在經歷悲觀後，依然懷有「想要設法解決、一定會有辦法」的強烈信念與實際經歷。否則，悲觀心態只會讓人沉浸在「反正如此」的消極生活中。不妨從單純嘆息的陰暗道路中邁出一步，試著走向充滿陽光的道路吧。

74

到寺廟感受「無常」的力量

讓心靈平靜的「特別空間」

偶爾在寺廟中享受片刻的休息時光

祇園精舍是修行僧聚集的場所，其中有一間為等待死者而設的房間，裡面懸掛著一口小鐘，據說當人們撒手人寰時，鐘聲會自動響起。這正是講述「生者必死」這一諸行無常教義的「祇園精舍鐘聲」。由此可見，寺廟的七堂伽藍之一設有鐘樓，不僅負責報時，還被視為佛陀傳達無常教義的聲音。寺廟以世間的無常為基礎，成為了傳遞心靈平靜教義的中心。

生活在無常世界中的人們在此祈禱，而寺廟所供奉的本尊聽見這些祈願，並拯救眾生於各種苦難。當你踏入寺廟境內，會感受到與其他場所截然不同的氛圍和磁場。事實上，有不少人會說：「雖然我不喜歡僧侶，但我喜歡佛教和寺廟。」

如果你是這樣的人，建議你在靜謐的庭院或殿堂中，獨自度過片刻的安寧時光。正如人們說「**即使是混濁的酒，靜置一段時間後也會變得清澈**」，心中的雜念亦會隨著時間沉澱，變得澄澈，並激發出在無常中勉勵自己生存的力量。

第5章

當你感受到衰老時

75

無法抗拒的自然法則

與其抗拒，不如學會「享受」它

「諸法實相」的世界觀

佛教中有一種世界觀，稱為「諸法實相」，即是說我們周圍所有的存在與現象，本質都是美好的。換句話說，沒有虛偽與欺騙的事物（無法被否定的事物）就是美好的。

對於那些沒有虛偽與欺騙的事物，我們無須懷疑。例如山、河流、海洋、天空、星辰、樹木和空氣等自然界的存在，以及生命流轉——出生、成長、衰老、疾病，甚至死亡的生命歷程。

因此，**既然我們身處於沒有虛偽與欺騙的自然中，過著真實無虛偽的人生，便無須為那些瑣碎或無聊的事耿耿於懷**。沒有虛偽與欺騙的事物，不僅限於我們眼前看到的具體存在，還包括一些真實不虛的法則。例如「緣起法則」指的是各種因緣匯聚而成的結果；「諸行無常法則」是因緣不斷變化替換，萬事無法保持不變的狀態；「空的法則」則是由於一切皆無法保持一成不變，因此世上並無永恆不變的固定實體。

由於這些法則沒有虛偽與欺騙，因此也無人能抗拒。與其抵抗，不如尋找享受這一切的方法，這樣生活會更加輕鬆自在。

76

活得「與年齡相符」是生活的基本原則

年輕與幼稚是不同的概念

隨著年齡增長，逐漸領悟了一些事情

在小學和國中時期，每個年級會有應該學習的課題。同樣地，在人生的每個階段也有各自該完成的課題。

可惜的是，這些該完成的課題往往只有親身經歷該年齡階段時，才能真正理解。因此，處於特定年齡階段的人們會閱讀《○○歲時要完成的事》這類書籍作為參考。書中所描述的內容，其實也可以從身邊合乎年齡且妥善生活的前輩身上觀察到，但若身邊缺乏可參考的榜樣，這些書籍可能會很有幫助。

過去至今累積的種種人生經驗，能教會我們很多。隨著親身經歷的許多成功與失敗，以及見識增加，我們甚至也能對別人的失敗抱以「這是人之常情」的寬容態度。同時，面對人生中的課題，我們也學會了應對方法，例如「放下」和「撤退」，從而變得更加坦然，也因此能更加沉穩地對自己說：「**不必過於苛責自己，因為在需要的時候，自然有人會責備我。**」

你是否過著與年齡相符的生活呢？請小心不要被人嘲笑「把幼稚與年輕搞混」或是「只談理論而不付諸行動，這就是老化的徵兆啊」！

77

「保持年輕」非常重要

你的「心靈」是否已經老了？

「感動」是活力的來源

人們都希望活出與年齡相符的姿態，但即使感受到衰老，也不必因此表現出過於老成的言行。

當我讓年輕僧侶進行佛法示範時，有些二、三十歲的僧侶會以七十多歲老僧般的低沉穩重語調講話。甚至有位僧侶似乎認為，用這種顯得自己通曉世事的方式來說話會比較好。

我告訴他：「沒有人規定僧侶必須這樣，年輕正是你的優勢，不去展現這份年輕，反而模仿老僧，實在太可惜了。」

隨著年齡增長，聲音通常會變得低沉。許多人認為這是聲帶衰退的結果，但事實並非如此，真正的原因在於缺乏感動的心。舉例來說，當老年人看到美麗的彩虹時，仍會用高亢的聲音驚嘆：「哇，好漂亮的彩虹！」遇到令人驚訝的事，也會用響亮的聲音驚呼：「哇，竟然會發生這種事！」如果我們善用這種條件反射，刻意用高亢的聲音說話，心靈便能重新充滿活力。

因此，**當我們感受到衰老時，應稍加留意，讓自己在身心上保持年輕與活力。**

78

理解「無常」後，就不會再勉強自己

「船到橋頭自然直」的生活態度

別再「預支」未來的煩惱了

人生是一連串的不斷變化，甚至可以說，我們一直身處於「無常的現場」。對於自己是否能夠應對這些變化而感到不安的人，往往會憂慮很多事，例如「如果發生某些情況，該怎麼辦？」有時，甚至會擔心自己從未經歷過的情境，如伴侶離世、自己罹患不治之症，或面臨破產等情況。

容易擔憂的人，心中總是積存許多煩惱的種子，當其中一件事真的發生時，便會擔心其他問題接踵而來，於是更加地憂慮。

然而，仔細想想，**多數的擔憂其實並不會成真，即使真的發生了，通常也能找到應對的辦法**。

無論未來發生什麼變化，事情總會有解決之道。死亡無法避免，但即使與摯愛的人告別，遺族也會漸漸找到生活的平衡。

當你理解「船到橋頭自然直」的道理，就不必過度擔憂未來。不管是否願意，變化的情況終究會來臨，而你也可以期待自己如何應對這些變化，並從中找到樂趣。

79

不必爲每件事感到擔憂

不可僅憑「單一面向」來判斷事物

「衰老」是無可否認的事實

精力、體力和記憶力的衰退，是衰老的一個面向。若僅從這一個角度來看，難免令人憂心。然而，若不從三個不同角度來看待事物，便無法洞察其真相。這也是為何人們常說「三個臭皮匠，勝過一個諸葛亮」的原因。

隨著年齡增長，人也會有所成長。例如，在三十幾歲時，若聽到關於自己的負面傳聞，可能會借酒澆愁，或是徹夜輾轉難眠，悶悶不樂直到天亮。

然而，當年紀漸長後，即使聽到負面傳聞，也能輕描淡寫地想：「那人至今還認為說別人壞話能使自己看起來更厲害，真是可憐。」甚至能更幽默地看待：「那人不過就是身穿壞話的衣服四處走動罷了。」這正是年齡增長帶來的好處。

此外，年齡增長的過程中並無虛偽或欺騙，衰老正是生命真實的面貌。

因此，唯有從這三個角度來看待「衰老」，才能真正理解它的本質。當我們不僅聚焦於其劣勢，也同步將注意力轉向其他方面時，便能擺脫過多不必要的煩惱。

80

抱持「生小病保健康」的心態

事先與自己的身體好好「對話」

趁健康時培養這種意識

作家吉行淳之介在他記錄人工水晶體移植手術經歷的著作《人工水晶体》（暫譯，人工水晶体，講談社）後記中寫道：「『生小病保健康』這句話，我認為不過是健康的人用來安慰病患的說辭罷了。」

「生小病保健康」指的是身體有一、兩種慢性病的人，反而更注重自己的健康，因此往往比那些對自己健康充滿自信的人活得更久。對於患有慢性病的人來說，聽到健康的人對自己說「生小病保健康」可能會感到驚訝，並且在心中無奈地想：「還真是隨便說些不負責任的話啊……」

然而，當我們自覺人生已經過半時，身體各部位開始出現不適，容易疲倦、傷口難以癒合，這其實是身體在與我們「對話」。此時，我們需要與自己商量，是否需要進一步與家人交流、請醫生診斷，而最終的決定仍然要由自己做出。

當我們需要定期用藥或接受治療時，可能會面臨時間安排的困難與承受精神壓力的困擾。在真遇到這種情況，並因為聽到健康的人用「生小病保健康」來安慰自己而心生反感之前，不如趁自己健康時就先提醒自己這個道理，好好珍惜健康的生活。

81

堂堂正正地面對衰老

能夠笑對衰老的人，活得更有智慧

衰老是「成長的一部分」

無論年齡大小，活得有智慧的關鍵在於「擁有一顆對於『初次』體驗的期待之心」。

今年，是你第一次以這個年齡生活在世界上。即使是以前做過的事，或是去過許多次的地方，這個年齡所經歷的一切都是第一次。隨著歲月流轉，你經歷了許多事情，因此在應對方式和感受上應該也有所提升。和以前完全相同的情況是不存在的。

如果缺乏了對「第一次」的新鮮感與期待，就容易把「反正都一樣」或「無聊」當作口頭禪。這樣一來，就會像一塊吸滿泥水的海綿，無論放在多麼乾淨的水中，都無法再吸收。

衰老的確伴隨著精力、體力和記憶力的衰退，但人們克服這些劣勢後，同時也累積了豐富的智慧，足以彌補身體的退化。

最重要的是，衰老是從嬰兒時期開始的成長過程的一部分，是生命中真實且無虛假的一部分。因此，我們應該安心、堂堂正正地接受年歲的增長。

82

專注於「讓今天過得開心」

增添日常色彩的小訣竅

提升「感性觸覺」

孩子之所以覺得時間飛逝，是因為他們常常為身邊的一切感到驚奇和感動。隨著年齡增長，我們對許多事物都抱著「頂多就這樣吧」的心態，導致每天都過很懶散無趣。

大約從三十歲左右開始，日常生活的刺激減少，變化也不大。事實上，當我們翻閱為三十至四十歲族群撰寫的書籍時，會發現書中常有部分內容是針對那些厭倦一成不變生活的人而寫。

然而，只要增強感性的天線訊號，無論年齡，都可以過得充滿刺激感。可以試著想像食材的來源，用手觸摸行道樹的葉子，或是在聽到或看到陌生詞彙時做個筆記，這樣就能捕捉到日常中細微而愉悅的事件。

每天晚上，也不妨簡單寫下當天發生的有趣事情，或與他人分享。堅持兩週後，你會發現自己不僅是回憶那些時刻，而是在當下就能感受到「哇！」的驚喜。這樣一來，你就能讓每一天過得更加愉快。

83

只追求「長命百歲」的人生目標是空虛的

如果可以，為「後人」留下些什麼吧

「被期待離去」的人與「令人惋惜離去」的人

家母在五十七歲時離世，數週後，家父在色紙上寫下了一句話：「被期待離去的人，往往比令人惋惜離去的人更幸福。」

「被期待離去」的人，通常活得比較久，甚至讓人心中疑惑：「還不走嗎？」而「令人惋惜離去」的人，往往是年輕早逝，或是在最受歡迎之際選擇退休或離世。

有些人認為「令人惋惜地離去才是美好」，但家父卻感慨道：「與無緣見證孫子們成長的伴侶相比，自己活得更久，能夠和孫子們玩樂，這樣的自己更為幸福。」

的確，能夠長壽是一種幸福。然而，若僅以長命百歲為目標，便會顯得空虛。我想補充的是，長壽還能讓人做到許多有意義的事，例如：給予年輕人建議，活出年老亦能快樂生活的樣貌，或如成吉思汗所言，「為後來者保留清澈泉水」。

84

人終究會「獨自一人」

即使如此，我們仍可以選擇自己人生故事的「結局」

為了能在最後說出「這一生過得很好」

曾有一名年過八旬的男性這樣對我說過：「出生時，我是獨自一人來到這個世界，接著求學、在全國各地工作、結婚育子，之後我的孩子也成家並有了孫子。退休後，妻子先我一步離世。接下來，我將再次獨自一人，寂寞地告別這個世界。」

我試著鼓勵他，說道：「有句話這麼說：『出生時，你在哭泣，而周圍的人露出笑容。希望你離世時，能帶著微笑，而周圍的人則為你落淚。』」然而，遺憾的是，他似乎不太習慣傾聽別人說話，對我的鼓勵未做回應，很快便轉移了話題。

美國人類學家瑪麗・凱瑟琳・貝特森（Mary Catherine Bateson）曾說過：「**死亡就像故事的結尾，結局的時間點會改變故事之前一切事件的意義**。」若繼續這樣下去，這位老先生的生命故事恐怕會在「孤寂」中畫下句點。

而我則有信心帶著微笑前往另一個世界，並說出「我這一生過得充實且美好」。那麼，你會以怎樣的結局來完成自己的人生故事，啟程到另一個世界呢？

85

做好與孤獨共處的準備

人生並非總是愉快的

正因為「孤獨」，我們才能察覺到一些事物的存在

「有趣的事情無法對人傾訴，悲傷的事情也無法向人訴說。果然，獨自一人的日子，還真是令人心生淒涼。」

這句臺詞是我在閱讀講談[6]劇本時看到的。當我用戲劇性的語調對年輕的單身朋友說這句話時，他們總會假裝哭泣，場面頗為有趣。

然而，**並非所有孤獨都能被愉快地看待**。隨著年齡增長，活動範圍逐漸縮小，人際關係也愈加狹窄，最終可能只剩自己一人。正如俗話所說的「與影為伴」。即便住進照護機構與他人共同生活，也無法完全避免依然會有感到孤獨的時刻，而這些時刻其實非常珍貴。

佛教建議人們遠離喧囂，為自己創造孤獨的時間與空間，以深入探索內心。正因為孤獨，我們才會察覺到「今天又受到許多人的照顧，實在感激」，或是「此刻我正在人生的最前線努力」。

當感受到衰老的跡象時，應及早做好準備，避免真正的孤立，學會與影為伴。同時也要擁有能分享喜悅、訴說悲傷的朋友，以迎接孤獨的到來。

---

6 譯註：日本傳統說話藝術表演。

86

放下「渴望被認可」的掙扎

與其如此，不如深入探索自己的「內心」

你希望成為一個「怎樣的人」？

我們的社會由許多人共同組成，在這當中，有人努力想要獲得社會（周遭之人）認同，或吸引他人關注（雖然有些人一心奮鬥卻忘了尊重他人，但在此暫且不談）。

如果能得到他人的認同，可能會讓人覺得生活更有意義。吸引大家的注意後，影響力也隨之增強，還會感受到自我實現的成就感。

然而，要得到社會的認可，往往必須付出極大的努力。儘管如此，努力並不一定會帶來成果；即使有了成果，也未必會得到社會的認可。正如人們常說：「努力不一定會成功，但成功卻必須努力。」這句話確實有道理。

釋迦牟尼在悟道後周遊各地，向人們闡述教義。他所傳遞的核心思想之一，就是「**如果我們能夠深入理解自己的內心，即使得不到社會認可，也能堅定不移地活下去**」。如果你正為了社會認同而苦苦掙扎，不妨同時反思：「得到認可後，自己希望成為怎樣的人？」

這樣的內心探索是必不可少的。

87

不依賴子女的人生規劃

關於老後的「自立」

「麻煩」其實是雙方的事

有些父母在健康時便開始為老後做準備，希望不給子女帶來麻煩。雖然我能理解這種心情，但也希望大家不要忘記**「麻煩與否由對方決定」**這個事實。有時候，即使我們認為不會造成麻煩，但對方卻會認為是負擔。相反；有時候，我們認為自己麻煩到別人，但對方卻絲毫不在意，反倒會說：「哪裡會麻煩呢？我反而很高興可以幫得上忙！」

我常對人們說：「不必害怕給孩子添麻煩。在育兒過程中，你們也經歷過孩子帶來的麻煩吧。麻煩是雙方的事。」這正是我想傳達的另一個事實，即**「麻煩具有相互性」**。

如果子女認為照顧父母是麻煩，那麼父母可能會反思自己過去的教育方式是否有所欠缺，並為此自責，但最終也只能接受這個事實。

總之，我們應該深刻理解「麻煩與否由對方決定」和「麻煩具有相互性」這兩個顯而易見的事實。在此基礎上，規劃出盡可能自立的老後生活。

88

飲食、金錢、運動……只要「適度」就足夠了

自己感到「滿足」才是最重要的

從新冠疫情中獲得的教訓

在新冠疫情期間，許多人被迫待在家中以防止病毒擴散。然而，正如「轉禍為福，三年之後自會有用」的諺語所言，包括我在內的許多人，開始享受起在家做飯的樂趣，並提升了自己的烹飪技藝。雖然我的廚藝無法與專業廚師相比，但適量地製作自己想吃的料理，讓我感到十分滿足，這是我在居家期間所學到的。

在疫情期間我還學到一句話，據說是蘇格拉底（Socrates）所說的：「無論富人多麼自豪於他的財富，在他知道如何使用這些財富之前，我們都不應該讚美他。」隨著疫情加劇收入的差距，我透過這句話安撫那些羨慕有錢人的人，希望能減少他們心中的不滿。

還有一件與疫情有關的事，我的妻子開始去女性專用的健身房了。這讓我想起平成年代（西元一九八九至二〇一九年）的一句笑話：「男人是因為不想死而減肥，女人卻是即使死了也要瘦下來。」這讓我忍不住微笑起來。

無論是飲食、金錢還是運動，適度即可——這是我在疫情中領悟的愉快教訓。

89

墓地應該怎麼處理？

首先，應該和留下來的人商量

即使人死後，也不會完全消失

墓地常被稱為「最終的居所」，是人們待得比生前更久的地方。我會對信仰佛教的信徒說：「墓地是生命最終的落腳處。」

有時，我會遇到一些人堅持地主張：「人死後就結束了，會化為虛無。」而當我問他們：「那麼你從來沒有掃過父母的墳墓嗎？」他們往往會激動地回應：「怎麼可能，我當然有去祭拜過！」語氣中還帶著一絲傲慢。我接著反問他們：「那麼，當你在已經死去、化為虛無之人的墓前合掌時，心中究竟是在祈禱什麼呢？」這時他們便默不作聲了。

確實，身體和工作等有形的事物會隨死亡消失，但也有些無形的事物，例如影響力會遺留下來。因此，**當人死後，並不是一切都會化為虛無**。

許多日本佛教的祖師都曾說「死後不需要墓地」，因為他們相信，任何地方都可以是墓地。然而，這些僧侶的墓地至今仍然存在。這是由於弟子們認為有必要設置一個地方來緬懷、尊敬師父，並報告自己的修行進展。事實上，這些墓地至今仍有許多人前來參拜。

因此，先別急著單方面認定「我不需要墓地」，最好還是與留下來的人商量一下會比較恰當。

90

抱持「等到時機成熟再處理」的心態

下定「覺悟」後，心境便會安定下來

只有「三種」情況是例外

對於那些猶豫不決、無法行動的人，我常引用佛教中不動明王所象徵的教義，提醒他們「不做決定就無法行動喔」，或是解釋「無法行動，是因為還沒有做決定啊」，幫助他們作為自我分析的參考。

「不做決定就無法行動」與「無法行動是因為沒有做決定」，這是我們行為中一個非常簡單的原則，兩者之間是一體兩面的關係。

此外，我也會告訴他們：「既然現在無法決定，那就等到能決定時再做決定。」**決定「現在不決定」也是一種方法**。當你抱持這種覺悟，心情便會更為平穩。

在昭和時代，社會學觀點認為，如果對搬家、繼承、紛爭（訴訟）這三件事置之不理，心境就無法平靜，甚至可能會「無法安心地離世」。雖然隨著時代變遷，項目可能有所增加，但這三件事仍應盡早解決為佳。

除了這三件事之外，其他事情其實都可以「等到時機成熟再處理」，這樣的決定，並不會對生活造成太大影響。

91

不要過度擔心「死後的事」

首先，應該在生前做好該做的事

正確的死後安排

有些人會擔憂，當自己過世後，這個世間仍然持續運行，而自己卻已不在其中。如果自己是家中的經濟支柱，或在某個團體或組織中身居要職，便會擔心自己不在後，留下來的人會陷入困境。與其如此擔心，不如在生前做好該做的事，例如進行財產生前贈與或提前辭去職務等等。然而，**有時無謂的自尊往往會阻礙行動，導致遲遲無法退出或放手**。

獨居者或許會擔心死後誰會發現自己的遺體？誰會辦理喪事？或誰來整理房屋？不過，許多地方政府其實設有專門的窗口，提供關於這類擔憂的諮詢服務，只要在生前尋求幫助，完成必要的準備，就不必過多擔心。

假使有人抱持「我死後就隨它去吧，反正死後一切都結束了」這種自私想法，那麼他就要有心理準備，將來可能會成為人們茶餘飯後的笑柄，像是「如果有一本庸俗人物圖鑑，他肯定是封面人物」。甚至會有人說：「如果要用一個字形容他，那就是『恥』。」

92

面對死亡時應該坦然接受

無須恐懼，接受它吧

你將活到生命的最後一刻

「在遭遇災難時，就接受災難；在面臨死亡時，就接受死亡。這便是避開災難的妙法。」這段話出自良寬大師七十一歲時，寫給一位住在大地震災區朋友的一封信。

以我的理解來詮釋，意思大概是：遭遇災難時，不應該否認事實，或心生憤慨，想著「怎麼會這樣？為什麼我會遇到這麼慘的事？」而讓自己的心情混亂。**首先，要接受災難發生的事實，然後思考接下來應該如何行動，想想自己能做些什麼**。

當死期臨近時，不要叫嚷著不想死，也不要思索死後會如何，而是要在活著的時候完成該做的事情。**因為只要你還在世上一天，你就仍然在繼續譜寫屬於你的人生**。

如此一來，那些讓你厭惡的災難將不再是你排斥的對象，而你所憎惡的死亡也不再令人恐懼。我認為良寬大師的話提醒我們，「遇到災難時就去面對，該死的時候就坦然接受」。這是一種令人以堅強心態積極面對人生的智慧。

高寶書版集團
gobooks.com.tw

BK 081
放下一點點也可以，不執著的活法：你放下的，終將以更好的樣子回到你身邊
作　　者　名取芳彥
譯　　者　邱顯惠
副 主 編　林子鈺
責任編輯　藍勻廷
封面設計　高郁雯
內頁排版　賴姵均
企　　劃　陳玟璇
版　　權　劉昱昕

發 行 人　朱凱蕾
出　　版　英屬維京群島商高寶國際有限公司臺灣分公司
　　　　　Global Group Holdings, Ltd.
地　　址　臺北市內湖區洲子街 88 號 3 樓
網　　址　gobooks.com.tw
電　　話　(02) 27992788
電　　郵　readers@gobooks.com.tw（讀者服務部）
傳　　真　出版部 (02) 27990909　行銷部 (02) 27993088
郵政劃撥　19394552
戶　　名　英屬維京群島商高寶國際有限公司臺灣分公司
發　　行　英屬維京群島商高寶國際有限公司臺灣分公司
法律顧問　永然聯合法律事務所
初版日期　2025 年 04 月

原書名：達観するヒント
TAKKANSURU HINT

國家圖書館出版品預行編目 (CIP) 資料

放下一點點也可以，不執著的活法：你放下的，終將以更好的樣子回到你身邊 / 名取芳彥作 . -- 初版 . -- 臺北市：英屬維京群島商高寶國際有限公司臺灣分公司，2025.04
面；　公分 . --（Break ; 81）

譯自：達観するヒント

ISBN 978-626-402-203-3（平裝）

1.CST: 密宗　2.CST: 佛教說法　3.CST: 人生哲學

226.935　　　114001887